21 de marzo de 2022

Para una
para mi,
López, con mucho cariño.
Carmen L. Arcelay Santiago

INEXORABLE

Dr. Ramón Luis Ortiz Roldán

BARKER & JULES

BARKER 🟢 JULES

INEXORABLE

Edición: BARKER & JULES™
Diseño de Portada: BARKER & JULES™
Diseño de Interiores: Jessica Ariadna Vallejo Huerta | BARKER & JULES™

Primera edición - 2021
D. R. © 2021, Dr. Ramón Luis Ortiz Roldán

I.S.B.N. Paperback | 978-1-64789-804-5
I.S.B.N. Paperback | 978-1-64789-804-5
I.S.B.N. eBook | 978-1-64789-791-8

Derechos de Autor - Número de control Library of Congress: 1-11118429002

Todos los derechos reservados. No se permite la reproducción total o parcial de este libro, ni su incorporación a un sistema informático, ni su transmisión en cualquier forma o por cualquier medio, ya sea electrónico, mecánico, fotocopia, grabación u otros, sin autorización expresa y por escrito del autor. La información, la opinión, el análisis y el contenido de esta publicación es responsabilidad de los autores que la signan y no necesariamente representan el punto de vista de BARKER & JULES™, sus socios, asociados y equipo en general.

BARKER & JULES™ y sus derivados son propiedad de BARKER & JULES LLC.

BARKER & JULES, LLC
3776 Howard Hughes Pkwy 549, Las Vegas, NV 89169
barkerandjules.com

Dedicatoria

A Alec,
que el mundo que vivas sea uno justo.

AGRADECIMIENTOS

A Shary por su paciencia y amor, Alec por la esperanza, a mi familia Roldán por toda la alegría, a mi familia Ortiz por toda la enseñanza. A mis amistades que me ayudaron a completar este proyecto: Lizmer y Edgar. A Carmen R. Marín por su contribución invaluable a este texto. A Raquel por su arte. A mami por siempre estar presente en mis proyectos. A papi, por enseñarme de la vida. A todas las personas que han sido parte de mi camino.

Gracias:

Ramón Luis.

INEXORABLE
PRÓLOGO

Tenía en sus manos una bolsa con guantes llenos de sangre. Estaba todo sudado. Entró al rancho para hacer sus ofrendas, luego de su último asesinato. Abrió con mucha calma el candado que guardaba su lugar más especial y enseguida comenzó a cambiarse de ropa para deshacerse de la evidencia de su caza. Era el momento de comenzar su habitual ceremonia.

Las velas encendidas chorreaban su esperma e iluminaban la habitación con piso de tierra barrosa para el areito. Los sonidos armoniosos de los palos y cueros formaban una poesía con el son gutural, arcaico y pasional que salía del danzante misterioso. El aroma a huerto natural se difundía en la fría brisa no comprendida por los intrusos del continente americano. El sereno amenazaba risueño con su maldad malentendida del Caribe, apoderándose de la escena poco a poco. Los coquíes, testigos expertos de todo lo acontecido en la Isla, observaban cómo este vecino, trabajador y amigable, se transformaba como solo él podía entenderlo y se expresaba de una manera extraordinaria, conectado con su tierra.

Los movimientos del hombre eran convulsos, inquietantes, bruscos, amenazantes, como si algún atacante estuviera por invadir su terruño. Sus ojos se pusieron en blanco; él bailó mientras oraba en lenguas antiguas.

Cargaba en su cuello una antigua aleación de metal que le fue heredada. En esta se habían quedado grabados pensamientos de los dioses, leyendas de guerra y de poder. Además, aquel medallón guardaba historias trasmitidas ceremonialmente por generaciones, relatos que contaban sucesos de venganza, celos, miedo y coraje. Con el pasar del tiempo había perdido su esplendor, incluso se le habían desprendido pedazos, lo cual le imprimía un valor histórico aun por reconocer y, aun así, envidiable e incalculable, según él.

Su danza se extendió con intensidad por media hora. El sonido de la alarma genérica de su celular lo despertó de aquel trance ancestral. Su cuerpo estaba muy trabajado y cansado. Agarró la toalla que recién había colgado en un gancho decorativo de metal que había comprado en las Fiestas de la calle San Sebastián. Detuvo la música desde el celular, aparato desde el cual controlaba todos los demás electrónicos de su casa. Se secó la cara y se sentó en un dujo frente a un altar repleto de velas con una imagen de Atabey tallada en piedra; a su lado, un cemí adornado con flores de maga.

Hizo sus oraciones y les habló a los ancestros; pidió disculpas por los errores cometidos y rogó por fuerzas para sus próximas hazañas. Nunca se persignó, estos dioses no entendían de estas cursilerías. Con sumo respeto se quitó el medallón y lo colocó cuidadosamente encima del altar. Todo lo hizo puntual, para él no había otra manera, todas las versiones de sus actos eran regidas por el tiempo. Observó el cajón que contenía su preciado material, pero se frenó. Hoy no tenía tiempo.

Salió de la habitación de piso de tierra y atravesó el estudio que tenía justo al lado. Ya fuera del rancho, le puso un candado mohoso al portón. Caminó por su jardín sembrado de raíces comestibles: cúrcuma, jengibre, yautía, batata y yucas. Luego continuó su camino hasta la casa principal, que le había heredado su abuelo.

¡Que muchas historias había aprendido de él! Algunas de ellas, quizás nunca las debió escuchar.

A la distancia se veía una casita en un árbol, de la cual provenía una pequeña luz. Mientras se retiraba, no pensó en nada más que en descorchar una cava y saborearla con la música de Danny Rivera de fondo. Lo que no sabía era que a todos hay alguien que nos mira, siempre. Y sin importar la edad, ese alguien, en algún momento, probablemente hable. Todo se sabe.

Pesadillas

Sofía se levantó sudada, jadeando, como si hubiese corrido un maratón al día siguiente de la fiesta de la pasta. Miró su reloj despertador, eran las 11:44 p. m. Esta vez, en el sueño ella estaba de vacaciones en el mar, rumbo a Vieques, y se dirigía en un catamarán lujoso hacia una de las lagunas bioluminiscentes del área; el agua era cristalina y los delfines saltaban cerca de la embarcación. El ambiente era muy relajante: música de los Bacilos, vodka con soda en la mano, el vaivén de las olas, y ella comiendo uvas y quesos. Justo cuando llegaba a una casita de pescador, se congeló la imagen en su sueño. Todo a su alrededor se pintó de rojo, y entonces ella despertó.

Las batallas mortales en sus sueños la atormentaban muy seguido. Podía imaginar que ese día moriría alguien, una muerte desarrollada en el ambiente de su sueño. Ya lo leería en las noticias.

No pudo dormir más. Decidió tomar nota de todo lo que recordaba.

CAPÍTULO 1: LA VIEJA CIUDAD

La noche invernal del Caribe exhalaba una fría y húmeda brisa que erizaba hasta la más curtida piel y al cuerpo más acostumbrado. Los coquíes inundaban las calles con las agudas notas de su canto contagioso. El cielo lucía despejado, la luna estaba casi ausente en la majestuosa ciudad de San Juan. Su historia se desbordaba en las paredes, donde se insinuaban innumerables cuentos legendarios, aunque precisamente esa noche se encontraba silente. Su belleza inigualable y exquisita atraía a miles de turistas cada año. Muchos de sus recuerdos se leían sobre aquellas centenarias paredes, desde grafitis de artistas en tono de lucha y revolución hasta indicios de algún problema de erosión y mal tiempo. Contaban sus crónicas los viejos pasquines de campañas políticas del cuatrienio anterior, de promociones de conciertos, de anuncios de circos crueles ya inexistentes y hasta de la edición número treinta de una famosa obra en la isla que llevaba por título *Amor en la Hamaca*. Los perros realengos caminaban por las calles de la antigua ciudad como dueños y señores y se dedicaban a comer lo que los turistas dejaban tirado en la basura.

La ciudad lucía con orgullo sus grietas después de haber soportado el más reciente terremoto. Además, exhibía sin vergüenza los toldos de plástico azules que habían llegado después de una prolongada espera para cubrir las viviendas que se vieron afectadas por el más reciente huracán. Ahí estaban todas las cicatrices sanjuaneras, sin faltar una, marcando la historia de una ciudad que se seguirá adaptando a los tiempos, sin importar el tipo de generación que habite en ella; cicatrices que terminan siendo inspiración para sus leyendas. Quinientos años no habían podido derribarla. A pesar de haber sido ultrajada por corrupción, crímenes, drogas; pisoteada por protestas de todo tipo; ensuciada por el hollín permanente y la goma de mascar en su suelo. Nunca nada le ha podido quitar su majestuosidad.

Se diría que San Juan cuenta con más historias en sus calles que todas las Antillas Menores juntas. Es el lugar en donde más ron se ha bebido, donde más se ha protestado y el único lugar del Caribe donde un gobernador elegido por el pueblo ha sido despedido, destituido, expulsado, cesanteado a mediados de su mandato, por el mismo pueblo. Desde la calle La Resistencia, nombrada así desde entonces, un millón de almas cansadas, hartas, fastidiadas por el abuso, levantaron el previamente burlado, acallado y humillado grito de guerra del oprimido, provocando la renuncia del entonces mandatario.

Por aquellas calles estaba Pedro Carrión, de regreso a casa después de salir de su trabajo como cocinero en una cafetería de la capital. Todavía se relamía la cervecita artesanal local que se había tomado a escondidas al final de su turno, por supuesto, dentro de un vaso desechable, a lo Aníbal, para no llamar la atención. Llevaba puesto su uniforme, una camisa blanca y unos *jeans* muy holgados que apenas se sostenían muy por debajo de la cintura dejando ver los calzoncillos, porque se trabaja uniformado, pero siempre a la moda. Tenía su pelo muy bien recortado, con estilo *fade*, y una rayita afeitada en la ceja izquierda, que le había hecho su amigo Guillermo en la marquesina de su casa.

Salió de trabajar del mismo lugar en donde tenía clientes por el lado para el negocio de drogas heredado de su hermano Alejandro. Fue el mismo difunto quien le dejara en su momento todas sus conexiones con el mundo de la droga y la farándula, es decir, de la combinación perfecta. En su ambiente, lo más que valía no era lo que se tenía, sino a quién se conocía.

De vez en cuando, la brisa cargada de humedad acariciaba su rostro y traía consigo un repugnante olor a mar entremezclado con orín añejo. Para los residentes de la ciudad esas fragancias nocturnas no alteraban el deseo de querer llegar a casa. Él había crecido en La Perla, el barrio más subestimado, más temido, más juzgado, más cantado, y aun así olvidado, de la amurallada ciudad de San Juan.

—¡Si solo supieran lo buena que es la gente de este barrio! Esta gente deja de comer para que quien no tiene nada coma —decía en voz baja mientras observaba de lejos las murallas.

¡Qué mucho le alegraba caminar por la ciudad! Iba muy lento y disfrutando el trayecto, luego de agarrar un aventón que lo dejara al pie de la subida para el Castillo San Cristóbal.

En uno de los bolsillos llevaba el encargo de su nuevo jefe: un *flash drive* con la información de los boletos comprados con dinero sucio, producto de la venta de drogas. Todo para ayudar a un famoso artista a vender la totalidad de entradas a su concierto en el coliseo para su duodécima función. Pedro pensaba en cómo la gente, tan estúpida, no se cuestionaba que en una economía tan jodida como la que se vivía en la Isla se pudieran vender doce conciertos seguidos, para un total de 170,000 personas, en menos de cinco minutos. "Doce millones de dólares en taquillas ahora son dinero limpio, gracias a mí y a mis amigos", concluyó. En ese momento Pedro solo se complacía en imaginar lo bien que sonaría la *Escalade* con el nuevo equipo de música que le iba a poder comprar una vez tuviera el dinero del encargo, y en el respeto que ganaría en el club de carros, *"pa'l voceteo"*. Y si le sobraba dinero, quizás, le haría el cambio de aceite y filtro que llevaba años sin hacer. Las prioridades de la calle suelen ser interesantes.

Pedro comenzó a tararear una pegajosa canción que se le había quedado en la mente todo el día. No se acordaba de la letra completa, pero sí del coro: "La vida te da sorpresas, sorpresas te da la vida…". Al llegar a la entrada de su famoso, hermoso y arrinconado barrio, se percató de que el chamaquito que usualmente estaba en bicicleta sirviendo de vigía frente a la pared que daba paso a la bajadita inicial de la entrada no estaba en su puesto. En su lugar había ahora un dibujo pintado con pintura de grafiti. Decía su nombre y su apellido. A Pedro se le paralizó el cuerpo y lo atravesó un escalofrío intenso. Su mundo se vino abajo en dos segundos. En un instante supo qué se sentía caer al vacío.

—¿Por qué yo? ¡No puede ser! —se dijo muy perturbado, y empezó a sudar profusamente.

Su corazón se aceleró provocando una clara reacción de supervivencia. Empezó a correr en dirección a la calle Luna, mirando frecuentemente hacia atrás, pero no veía a nadie; su perseguidor era muy hábil, cuidadoso y paciente. Pedro intuía lo que el destino tenía cocinado para él. Había escuchado las historias, las conocía todas. Aquel dibujo en la pared de su barrio era peor que el punto rojo de algún pirata del Caribe. No conocía a nadie que se hubiese salvado.

Palpó en el bolsillo de su jacket un revólver que le pertenecía a su padre. A estas alturas ya su cuerpo había perdido el aroma a *Dior*, el perfume que se puso antes de salir de su casa en la mañana. La peste a fritura y aceite lo arropaba. Su ropa ya lucía ajada. La cadena de oro con el colgante de San Lázaro se contoneaba por los aires en un vaivén marcado por sus ágiles y desesperados pasos, a medida que intentaba huir de la cacería. El sudor se mezclaba ahora con sus lágrimas de desesperación; era un animal de camino al matadero.

El dibujo que Pedro había visto pintado en la pared cerca de la entrada hacia su casa se parecía a la figura de una ameba; en ella habían escrito su nombre y, debajo, una frase: *Pedro Carrión, Lavado de dinero*. En la prensa del país se habían publicado noticias sobre aquellos dibujos; sus amigos también hablaban de ellos. En los habituales cuentos de la calle lo mencionaban con mucho temor. En los caseríos, hasta los viejos vigías estaban atentos a este dibujo para saber quién sería la próxima víctima. La muñeca chismosa de un programa de televisión ya lo había llevado a colación entre sus comentarios diarios. Y el recién confirmado alcalde de San Juan había organizado un grupo de ciudadanos con el objetivo de salir durante las noches a buscar al responsable.

A esa hora de la madrugada el aroma que provenía del mar mezclado con el olor a comida descompuesta se unía al de los restos de cerveza alemana derramada por las calles. Pedro deseó entonces haber escuchado el consejo de su maestro de defensa personal en la universidad, Tomita, cuando en sus clases de karate repetía: "No salgas a la calle después de las doce de la madrugada; ahí todos los problemas salen de fiesta y hacen fiesta contigo". Pero las andanzas de Pedro pudieron más que sus estudios. Aunque en la circunstancia actual, realmente, ni los grados universitarios ni las experiencias de la calle podrían salvarlo. Agarraba sus pantalones, que dejaban ver cada vez más sus calzoncillos de marca, mientras corría; la correa apenas cumplía su función. Estaba comenzando a faltarle el aire, y sospechaba que de nada le serviría el revólver que ya cargaba en la mano. Se le salían las lágrimas mientras recitaba un padrenuestro mal rezado, y hasta omitió el "perdona nuestras ofensas", que tanta falta le hacía. Múltiples imágenes de toda su vida desfilaban por su mente, desde el quinceañero de su hermana Elídia, *la pecosa*, como cariñosamente le llamaba, hasta su graduación de sexto grado, a la que su madre no pudo asistir. Tropezó con un adoquín que estaba mal puesto, uno de esos que no pegaron bien cuando restauraron las calles sanjuaneras, y le vino a la mente aquel dicho que había leído en un libro sobre un hombre asesinado injustamente por un conductor de grúas de la Policía, en el pueblo de Gurabo: "El honor del asesinado estriba en no ser el asesino".

La desesperación se había apoderado de él. La ansiedad no tiene remedio cuando se está a punto de morir.

A lo lejos vio a un deambulante sentado en un banquito. La mirada de aquellos caminantes nocturnos siempre iba enfocada hacia el suelo. Se movían como avergonzados de ser de la calle, de comer, defecar y dormir en ella. A pesar de encontrarse lejos, la peste nauseabunda de aquel hombre sin techo inundaba todo el bloque. Su ropa en hilachas y sus zapatos sin suela ahuyentaban hasta a los que estaban buscando refugio. Llevaba puesta una gorra de promoción de una compañía de construcción a la que nunca podría contratar. Un perro sato descansaba sobre sus piernas.

San Juan nunca se ha liberado de esos caminantes de la noche; algunos eran conocidos en el área por sobrenombres que correspondían a como vestían o a las posesiones que cargaban con ellos; otros no eran considerados más que como parte del paisaje sanjuanero. Unos cuantos habían recibido palizas a manos de jóvenes inconscientes que se aprovechaban de su posición social para saciar sus más perversas pasiones. Otros vendían sus flores hechas con pencas de palma para, por lo menos, poder tomarse un café en los negocios donde los dejaran entrar. Mucho habían visto sus miradas cansadas. La mayoría había sido testigo de innumerables historias sanjuaneras, aunque algunos no recordarían nada de ellas, pues vivían presos de los efectos de las drogas.

La vida de Pedro era muy distinta de lo que la gente creía. Si bien era cierto que llevaba tres años haciendo transacciones de droga, lo hacía para ayudar a sus padres y a su pequeña hermana Zuania. Siempre había soñado con sacarlos del barrio; "el fin justifica los medios", pensaba. Él no quería que su hermana terminara como su tía Zuleika, casada con un adicto y muerta en una balacera de carro a carro en la autopista. Tiempo atrás, Pedro había estudiado en la Facultad de Ciencias Sociales de la Universidad de Puerto Rico en Río Piedras. Incluso había llegado a ganar varios premios en competencias de oratoria cuando era estudiante, y hasta pudo conocer personalmente al Gobernador, en la Fortaleza. Su carrera profesional había sido frustrada por las reglas impuestas para llegar a lo que tanto había soñado: ser maestro de escuela. Sin el apoyo y el estímulo necesarios, fue aplastado por un sistema que supuestamente exige experiencia previa para otorgar los puestos, aunque los puestos se repartan por la ley del nepotismo. Esto junto con una serie de obstáculos adicionales le quitaron a Pedro las ganas de luchar para vivir una vida digna, y fue mucho más fácil optar por seguir la ley de la calle. Esto no le otorgaba necesariamente la vida que quería, pero era la única que en realidad conocía; lo que le habían enseñado en el barrio desde chamaquito. Cada vez que intentaba salir de aquel entorno aparecía una situación nueva que lo llevaba al mismo lugar. Las contradicciones de la calle siempre habían sido muy peculiares.

Cuando Pedro llegó a la esquina de la calle San Justo, pensó que su única forma de escapar era mezclarse entre la gente que andaba por las calles, pero de nada le valía esa idea en ese momento. Eran las tres de la madrugada de un miércoles del mes de julio, por lo que ni la Policía se daba la vuelta por las solitarias vías de la vieja ciudad. Aparte de los temores obvios, existían entre la población general muchos miedos a los fantasmas de la noche y a los personajes de las historias misteriosas que llevaban siglos circulando de boca en boca. Solo los deambulantes, en una que otra esquina, dormían apacibles a la intemperie, como si estuvieran en su cuna de infancia.

Pedro escuchó un auto que iba muy deprisa por la calle cercana. Ansiaba poder gritarle, pero no quería que su cazador lo localizara. "¿Cómo lo hace? ¿De qué bando será? ¿Por qué nunca les quitaba ni la droga ni las armas a sus víctimas? ¿Por qué a nosotros?", pensaba, y ya el sudor empapaba su camisa.

Para Pedro era bastante difícil de digerir que a algún chamaquito que iba creciendo le dieran aires de matón y buscara apoderarse del punto. Nunca lo permitió. Pero en aquel instante él, a sus veinticinco años, temía por su vida. Defenderse de otros matones ligados a drogas había sido su escuela, pero en esta no se enseñaba a defenderse de lo desconocido, y menos de una sombra.

Se escuchó un sonido como el de la presión que libera una lata de refresco cuando se abre. Pedro seguía corriendo, y casi llegaba a la calle Tetuán cuando sintió un calentón recorrer su pierna derecha. Miró hacia abajo y vio en sus *jeans* una mancha oscura. Ya no le quedaban fuerzas. Se persignó y enseguida cayó al suelo. Se pudo levantar gracias a la adrenalina que lo impulsaba a luchar por su sobrevivencia.

—¿Dónde estás, hijo de puta? —gritaba Pedro con las pocas fuerzas que le quedaban.

Comenzó a moverse con dificultad. Solo escuchaba a los coquíes, siempre nocturnos, cuyo canto esa noche no le transmitía nada más que desesperanza. Estos animales parecían ser los testigos más leales del asesino; su intervención era casi como música de fondo para la escena.

El alma de Pedro se encontraba fragmentada; la mancha en el pantalón se hacía cada vez más grande. Cada minuto que pasaba disminuían sus esperanzas de sobrevivir. Miraba a su alrededor y no veía a nadie. El olor repugnante de los vagabundos se apoderaba de la noche, impregnando el entorno. Pedro cojeaba por la calle Tetuán, llegando al estacionamiento de doña Fela. Ya casi se encontraba fuera de peligro, llegó a creer. Mientras tanto, sobre aquellas calles usualmente llenas de vida se registraba un surco de sangre. "Si solo pudiera llegar al área del puerto...", se propuso en su desesperación.

De repente se escuchó otro siseo, pero esta vez más fuerte. Ya sin fuerzas para seguir luchando, Pedro se volteó y vio con sorpresa a su victimario. Jamás habría podido imaginar de dónde había salido la bala. Se desplomó en la acera, y el San Lázaro, protector de los enfermos, que había estado dando saltos en su cuello, ahora yacía sobre el pavimento bañado en sangre. Un puñal atravesó el corazón de Pedro, quitándole finalmente la esperanza a sus órganos vitales. Sus ojos se quedaron abiertos mientras su vida se terminaba, como si estuviesen fijos en la luna, a la que poco le importaba lo sucedido. Su asesino se fue tarareando "la vida te da sorpresas, sorpresas te da la vida…"

Los perros realengos miraban la escena y seguían su camino; ellos no lamían las heridas de los muertos. La vieja ciudad añadió otra víctima a sus estadísticas centenarias, y esta vez no era culpa del legendario sereno.

Como si se tratase de un símbolo nefasto, de la nada aparecieron unos changos y confirmaron la muerte. Un olor a vegetal quemado se apoderó del ambiente. A Pedro Carrión ya la vida nada le debía, aunque muy dudosamente habría podido cantarle "vida, estamos en paz". Comenzaron a cantar los gallos, dando fin así a la función de los coquíes.

CAPÍTULO 2: EL DESAYUNO

En una mañana caliente de verano, no muy distinta en temperatura al resto del año, la música del boricua no nacido en la Isla, Tony Croatto, amenizaba el desayuno. El retirado detective Miguel Hernández, con sus dedos teñidos de tinta oscura, leía la sección de deportes de un periódico casi por desaparecer. Su madre preparaba desayuno en la cocina. La primera plana decía: "Leyenda del baloncesto se retira por segunda vez de la selección nacional" y "Vallista femenina nacida en Carolina del Norte gana oro por Puerto Rico y es criticada por los puristas del deporte".

Miguel era un hombre muy delgado, calvo, de tez trigueña, con unas pestañas muy largas que siempre habían sido tema de conversación entre las chicas. Su nombre venía de un poeta español que murió durante la Guerra Civil Española, aunque su apellido solo estuviera por casualidad. Leer el periódico era su tarea obligada impuesta por sí mismo, y la tomaba muy en serio. Recordaba que cuando era chico ayudaba a su vecino a retirar las portadas de los periódicos sobrantes, para que se pudieran contabilizar y tener así evidencia de la cantidad de copias no vendidas. Su vecino, un señor muy callado, trabajador y sin mucha educación formal, no le daba dinero por la ayuda, pero diariamente le llevaba una libra de pan de la panadería más vieja del pueblo: La Asturiana.

En el asiento trasero del pequeño *Miata* rojo de Miguel, que recién estrenaba tablilla de auto antiguo, aún se encontraban las placas de reconocimiento y los regalos recibidos, ya que no le cabían en el baúl. La noche anterior había sido homenajeado por la oficina de la Gobernadora, debido a que hacía unos meses se había jubilado, luego de una larga trayectoria como detective especial de la Policía de Puerto Rico. Un caso muy importante que no pudo resolver lo había sacado de carrera y concentración, al punto de que no pudo continuar su labor, ni siquiera después de recibir terapia profesional. Muchos en la fuerza policial se retiraban debido a lesiones en su cuerpo o por haber alcanzado cierta edad, pero en su caso la lesión era mental. La gobernadora había estado al tanto de su carrera y había considerado que el detective Hernández era merecedor de un homenaje de despedida por todo lo alto.

Miguel se encontraba visitando a su amada madre, doña Margot. Ella era una señora ya entrada en edad, aunque todavía conservaba su figura y su estilo. Llevaba el pelo siempre recogido, aunque esa mañana tenía aún los rolos puestos. Su vida de joven no había sido fácil; desde temprana edad había empezado a realizar diferentes trabajos para ayudar económicamente a su mamá. Lavaba la ropa de los vecinos, les preparaba el almuerzo a algunos obreros en el barrio, entre otras cosas. Su suerte cambiaría de la noche a la mañana luego de estar casada y enviudar. Su esposo Alberto había heredado una finca de su papá, don José, pero jamás habría imaginado que el agua de manantial que brotara de su seno resultaría, como resultó, exquisitamente perfecta para las industrias del ron, la cerveza y la empacadora de atún de la Isla. De hecho, una destilería local, con castillo y todo, decidió usar solo aquella agua para su producción, ya que contenía muy pocas impurezas, con lo cual se minimizaban sus gastos de purificación. Esto convirtió a don Alberto en un hombre millonario, aunque no por mucho tiempo, pues poco después murió súbitamente por un ataque al corazón, una tarde mientras se duchaba, y se fue sin poder siquiera despedirse de sus seres amados.

Miguel nunca quiso vivir de la fortuna de su padre porque, aunque era dinero limpio, siempre había sentido que como no era dinero ganado por él no le pertenecía. De todos modos, la vida de los millonarios no le hacía gracia, no era su estilo. Prefería llevar a su novia Sofía a comer a un chinchorro que ir con ella a algún restaurante de chef famoso, aunque a veces le diera trabajo convencerla de hacerlo. Las cosas simples de la vida eran lo que más le llenaba, nunca el dinero.

El café de los lunes por la mañana con su madre siempre le recordaba tiempos mejores. Ese aroma afrodisiaco, estimulante, esbelto, perfecto, le hacía revivir aquellos momentos cuando la criminalidad no le importaba, y ni las cartas de cobradores ni las llamadas de estafadores tenían sentido alguno para él; le recordaban un tiempo inocente, el unicornio azul de la vida enamorado de los sentimientos más puros. El momento del desayuno siempre fue importante en su casa. Se sentaban a charlar sobre los planes para el día, se contaban anécdotas, se hablaba de la vida y se comía pan de agua perfectamente suave, fresco, fuera o no fuera de La Asturiana.

En medio de su visita habitual a su madre, Miguel recibió un mensaje de texto de parte de su gran amigo Raúl, que se encontraba en el cuartel de San Juan. ¡Qué mucho le molestaba tener que interrumpir aquella visita cuasi sagrada! Habría detestado tener que salir de ahí, y encima un lunes por la mañana acabando de tragarse el tapón del expreso Luis Muñoz Rivera. Pero era su amigo Raúl, y sus mensajes no los podía ignorar. "Hermano, dame una llamada cuando puedas", decía el texto.

Miguel agarró el celular, respiró profundamente, miró a ver si veía a su madre cerca y enseguida llamó a Raúl. Habló en voz baja para que doña Margot no lo escuchara.

—Wepa —contestó Raúl, alegre de escuchar la voz de su amigo.

—¿Hermano, en qué te puedo ayudar? ¬—replicó Miguel mientras observaba a su madre en los trajines de la cocina.

—Migue, me alegra que hayas llegado de viaje, y espero que todo este tiempo que llevas fuera te haya venido bien. ¿Cuánto llevas ya, seis o siete meses? —preguntó Raúl con tono jocoso.

—Pues, mira, llevo seis meses, un día, tres horas y veinticinco minutos, pero ¿quién lleva la cuenta? —respondió Miguel en tono sarcástico.

—Me imagino que estás al tanto de los asesinatos; solo quiero que vengas al cuartel a que me des tu opinión. Esto está de mal en peor, ya van varios semejantes y no tengo ni puta idea de cómo encontrar al criminal. Ningún punto de drogas ha reclamado los asesinatos, ningún bando criminal, ningún cartel. Es como si todos les tuvieran miedo a los asesinos, o al asesino. Algo que nunca había visto en la Isla. Pánico a lo desconocido. Tú sabes que no te habría molestado si no fuera como última opción, pero ya he agotado todos mis recursos —dijo un Raúl que ahora sonaba afectado y frustrado.

El miedo de Miguel a fallarle a Raúl era peor que la desgana por reintegrarse a las labores habiéndose ya jubilado. Acto seguido respondió.

—Cuenta conmigo, Raúl —le susurró muy bajo, casi murmurando.

Tan pronto se acercó doña Margot, café y platillo en mano, con su cara cansada pero emocionada de tener a su hijo a la mesa, escuchó las palabras que más la desilusionaban.

—Mami, tengo que salir de inmediato al cuartel. Necesitan mi ayuda.

Miguel se despidió de su mamá dándole un beso en la frente. Ella le regaló la sonrisa más practicada y fingida del teatro de su vida. Luego lo abrazó con su ya acostumbrado: "Dios te bendiga, *mijo*", para inmediatamente añadir:

—Pero, Miguel, ¿tú no habías dejado la Poli...? —se contuvo y, cambiando el tono, prosiguió— No es nada, mi niño, ya habrá otros momentos. Salúdame a Sofía y acuérdale que coma, que esa niña está muy flaca. Esta noche hablo con Milagritos, que anda por Texas; deberías llamarla de vez en cuando, y también a Carmen. No te olvides de tus hermanas, que te adoran.

Tan pronto Miguel salió de la casa de su madre llamó al sargento Raúl Rivera.

—¿Raulo, cuéntame con detalles que está pasando?

—Apareció otro hombre muerto y otra figura con un nombre, que es precisamente el del cadáver que encontramos esta madrugada cerca del estacionamiento Doña Fela. La escena fue muy morbosa, como una cosa enfermiza. La fiscal Ivialem acaba de levantar el cadáver. Mira, yo sé que tú estás con tu mamá, dale mis saludos a doña Margot, pero es que ya no sabemos qué más hacer con este asesino, y la gobernadora está pidiendo cuentas. No conozco otra mente como la tuya para este tipo de casos. Tu mente debería andar con escote, por lo impresionante que es; yo tengo sueños húmedos con tu mente cada vez —dijo Raúl, con tono bufón al final, y prosiguió—. La última vez que nos ayudaste, en el caso de la laguna Tortuguero, el Gobierno quedó muy agradecido. Yo sé que a ti ni te interesan los reconocimientos, aunque tienes el baúl lleno de ellos, y en tu casa, en la loma, ni se diga. Y sé que estás "retirado", pero necesito tu ayuda. Verás, necesito que sepas algo: el mes pasado conseguimos por fin que un doctor especializado en ortopedia en Estados Unidos viera a mi hija, y todo gracias a una pala de la gobernadora. Tú sabes de la condición congénita de los huesos que padece mi nena. Ahora yo estoy en deuda con la gobe, y ella está esperando buenos resultados en este caso particular —concluyó Raúl, queriendo convencer a su viejo amigo.

Raúl y Miguel eran amigos de la infancia, habían jugado pelota juntos en el parque de Villa Blanca con el equipo de Los Astros. Los dos eran banco central. Muchas veces, después de perder varios juegos seguidos, se quemaron el cielo de la boca en la pizzería del pueblo por comerse las *pizzas* acabadas de sacar del horno. Sus padres pensaban que la motivación entraba por la barriga, así que no importaba si perdían, había que intentar motivar los muchachos.

Su amistad creció como la espuma, aunque, como es natural con los amigos de infancia, los dos siguieron caminos un poco distintos. Miguel era detective senior de casos especiales. Lo que más le apasionaba era la historia política y criminal de la Isla, luego de su fallido intento de estudiar medicina, carrera en la que solo llegó al curso de pre-cálculo, como la mitad de todos los que entraban a la Facultad de Ciencias Naturales. En su carrera profesional un caso en particular lo había maltratado psicológicamente, al grado de que después de una sabática decidió retirarse de la Policía. Estaba contemplando la idea de dedicarse a realizar investigaciones privadas. Sus casos serían más bien sobre herencias de familias adineradas de la Isla, aunque planificaba conservar sus credenciales de policía, por aquello de poder reintegrarse, si algún día le dieran las ganas de regresar. "Nunca está de más tener varias opciones en la vida", pensaba.

Miguel abrió la puerta de su viejo *Miata* rojo, el mismo que aparecía en todas las historias de sus panas, se subió al carro y se dirigió hacia el cuartel. Una preocupación particular invadía su mente. ¿Será que los fantasmas del pasado habían llegado al consabido tercer día para resucitar? ¿Qué nuevo asunto descubrirá en este caso? Ya él sabía que en la Isla apenas había coincidencias; eso lo había demostrado la historia una y otra vez.

Imágenes

El noticiero de la mañana reportó la noticia de la muerte de Pedro. Imágenes de su cuerpo cubierto por una sábana blanca sobre los adoquines de la calle Tetuán acapararon la atención de muchos por unos minutos. Ya en la tarde todos lo habían olvidado y se habían enfocado en el problema de los apagones de la luz eléctrica y otros asuntos isleños de siempre. En los periódicos de otras islas del Caribe se reseñaron también extraños asesinatos. Diversas cadenas de noticias comenzaban a reportar los incidentes. Se multiplicaban las notificaciones a los celulares. Desaparecidos, leían algunos titulares de las noticias. Muchos dedos apuntaron a los políticos del patio, y hasta se alegaron persecuciones ideológicas. Un velo de misterio arropaba el Caribe. Ya no se hablaba del embargo a Cuba, ni tampoco de huracanes. La Isla del Encanto (y del desencanto) sufría por todos los sinsabores y la fragilidad diaria de su sobrevivencia.

El nombre que estaba escrito bajo el dibujo parecido a una ameba, en la pared ya aparecía tachado; la frase *lavado de dinero* aparecía subrayada. "Debimos haber leído más de historia, para darle sentido a los sucesos", decían los de izquierda. Los reguetoneros comenzaban a escribir canciones, y los cantantes de salsa, con sus ojos rojos, siguieron durmiendo hasta el mediodía. Los coquíes ya descansaban a esa hora.

CAPÍTULO 3: RIFLES DE MADERA

Raúl Rivera era sargento estrella de la Policía y excompañero del detective especial Miguel Hernández. Se había convertido en agente desde muy joven. Todos aquellos juegos de niño en los que usaba como rifles las patas de sillas tiradas a la basura, y como balas, las chapitas de botella, junto con los *walkie talkie* que le había regalado la vecina misteriosa, doña Rosa, lo habían hecho un gran fanático de todo lo relacionado con pillos y policías. Hubo un tiempo en que lamentó no haber podido hacer una carrera militar. Aunque decía que había sido por no dejar a su familia, lo cierto es que un descuido lo había llevado a no seguir ciertas instrucciones en el examen para entrar a la academia militar, por lo que fue expulsado del examen y con eso finalizó su sueño.

Después de eso, se había dedicado a su carrera en la Policía. Fue ascendiendo desde abajo por no tener estudios formales. No era el más dedicado, de hecho, era bastante descuidado, distraído y hasta desorganizado, pero conocía la calle, lo cual usaba a su favor. Tenía a su haber muchos casos resueltos, y además contaba con el factor de ser *de la gente,* lo cual le ayudó en gran medida a subir de puesto, particularmente porque estaba muy bien conectado con algunos políticos y con el ambiente de los grandes negocios de la Isla.

Raúl tenía sobrepeso, y una barba profusa que le ocultaba la doble barbilla. Su pelo era negro y rizo, y cada vez con menos volumen. Con la edad, ya las entradas eran muy notables, aunque mantenía el orgullo frente a Miguel porque al menos a él todavía le quedaba algo de pelo. Estaba divorciado. Con su exesposa había tenido dos hijas de las cuales una requería cuidado especial. Se llamaba Lourdes, era la menor, tenía doce años y padecía de una condición llamada *Developmental Dysplacia of the Hip* (o DDH), lo cual había ocasionado que la operaran varias veces desde muy pequeña. Una de las operaciones había salido mal y había dejado a la niña con una pierna más larga que la otra, lo cual tenía solución, pero hacía falta la intervención de un especialista que no estaba disponible en la Isla hasta el momento y cuya la lista de espera en Estados Unidos era larga.

Raúl estaba identificado claramente con un partido político en particular y hacía labor comunitaria para mantener su nombre en la boca de todos. Conocía a los políticos, a los funcionarios y a los cabilderos, resolvía casos para ellos y se encargaba de mantener un récord casi completamente limpio. Sobre él solo pesaba un caso de brutalidad policiaca que llegó hasta el tribunal, pero se libró de este gracias a la intervención del "honorable" juez Álex Rigenio, quien lo absolvió de todos los cargos en pago de una deuda personal, pues Raúl lo había ayudado en un caso de accidente de tránsito de su hijo adolescente. Poco después, a este juez lo encontraron masturbándose en los baños del Tribunal de San Juan, en un receso decretado en medio de pleno juicio, por lo cual perdió su licencia. La decisión vino del comité de ética ante el cual, dicho sea de paso, ya se habían presentado varios casos de hostigamiento del "honorable". Raúl tenía la habilidad para saber cuándo los árboles iban a caer y se iba distanciando de cada una de sus posibles alianzas cuando estas se veían comprometidas. "Más sabe el diablo por viejo que por diablo", solía repetirse Raúl.

En la comandancia de San Juan, hizo muchas amistades desde sus comienzos. Tenía amigos en todas las divisiones: drogas, tránsito, homicidios y hasta violencia doméstica. Todas estas conexiones le sirvieron muchísimo para llegar a ser el sargento número uno en la División de Homicidios. Una vez en el puesto, promovió inmediatamente a su gran amigo de la infancia, el detective Miguel Hernández, para poder enriquecer el programa. La combinación de la inteligencia de Miguel y las conexiones de Raúl rindió fruto casi de inmediato, pues con ellos los casos más intrincados y delicados de la Policía de Puerto Rico se fueron resolviendo. Esto le dio al cuartel de San Juan sus años de gloria y sus respectivos premios, pero solo hasta que llegó el famoso caso del niño asesinado en su casa. Este caso se complicó inmediatamente por las implicaciones políticas, ya que el hijo de un importante funcionario había estado en la escena del crimen la noche anterior a su descubrimiento. Drogas, sexo y alcohol en una fiesta dieron paso a un asesinato cuyos únicos testigos fueron las hermanitas del niño, las cuales fueron diagnosticadas poco después como inestables, eliminándose así la posibilidad de que ellas declararan nada. Llevaron a un niño ya muerto al hospital al día siguiente de los hechos, luego de haber limpiado con detergentes toda posible prueba. Culparon del asesinato a un personaje del vecindario, un tipo al que le faltaba un brazo. Raúl fue asignado a otro caso, mientras Miguel se quedó intentando por todos los medios resolver este, pero siempre se encontró con demasiados laberintos que impedían el progreso de las investigaciones. Las imágenes del niño con sangre ya pegajosa sobre su cuerpo y el cráneo roto se le quedarían impregnadas en el cerebro para siempre, perturbándolo hasta sacarlo de carrera. Fue así como Raúl vio a su gran amigo, y su mejor arma policiaca, irse de su lado.

Miguel fue galardonado ampliamente por sus contribuciones a la justicia; hasta la gobernadora le hizo un vistoso homenaje., luego del cual se iría de vacaciones por tiempo indefinido, una sabática sin fecha de regreso.

CAPÍTULO 4: MANGLAR

Llegó a la marina privada del hotel El Conquistador, hospedería predilecta en los años setenta para celebrar bodas, convenciones y lunas de miel, aquel velero tipo *49er Skiff*, con el nombre *Fortes in Fide*. Se encontraba renovado, luego del paso del famoso huracán que destruyera la Isla recientemente. La marina privada era utilizada solo por visitantes de otras islas y por personas de mucho dinero que gustaban de gastar por el mero hecho de complacer la pupila social de la gente muy "cívica". Aunque el olor a azufre mezclado con aceite y pescado muerto que allí se respiraba era capaz de revolver el estómago hasta del más formal. Cerca de este idílico paisaje había ocurrido un asesinato muy famoso. En las noticias se machacó durante mucho tiempo cómo la portación de armas le posibilitó a un ciudadano quitarle la vida a una chica en medio de circunstancias muy discutidas en la corte. Este caso parecía simple desde el principio, la evidencia era muy clara, pero también se pensaba que el acusado saldría absuelto. No obstante, la fiscalía pudo usar los servicios del detective Hernández para dar con puntos clave que, finalmente, condujeron al veredicto de culpabilidad.

El velero *Fortes in Fide* llegaba de su práctica semanal para las próximas competencias internacionales. Sus tripulantes intentaban mejorar sus tiempos para ver si podían clasificar al preolímpico que se avecinaba. La navegación con vela es un deporte en el que no solo se compite contra las demás embarcaciones, sino también, y especialmente, contra las condiciones del tiempo. Ya terminada su rutina, el velero maniobraba entre otros barcos y kayaks al mando de turistas con cara de perdidos. No muy lejos se podía ver un apartamento con balcón en el cual quedaba una botella de vino abierta sobre una pequeña mesa con dos sillitas. En el punto de atraco estaba el jovencito que trabajaba a tiempo parcial ayudando a amarrar los juguetes de los ricos. Él sabía que la propina de los locales era menor que la de los turistas de temporada, pero por lo menos era constante.

Ángel se bajó de aquella embarcación deportiva que le regalara su padre, en la cual practicaba para las competencias en los Panamericanos con su compañero Alberto. Este se despidió con un abrazo fraudulento, de esos que uno otorga cuando la federación le asigna a uno un *partner* solo porque este ostenta un apellido bonito mezclado con dinero y recursos para influir decisiones.

Ángel era un muchacho delgado con abdominales envidiables. Llevaba el pelo un poco largo, pero muy a la moda. En su mano, una famosa sortija, guarda y portera de puertas sociales, otorgada por un colegio muy preferido entre los millonarios de la Isla. A Alberto le indignaba el hecho de que Ángel no había clasificado en ninguna competencia de velero y, sin embargo, ahí estaba de compañero suyo en el deporte, de seguro muy bien bautizado, gracias a ciertas donaciones al presidente de la federación y al poder de la sortija. Al despedirse de él, lo miraba de frente y forzaba su mejor sonrisa.

Ángel, por su parte, pensaba que Alberto era un tipo pendejo, que no podía ni alquilar una embarcación para entrenar, y que debería besarle los pies por dejarlo entrenar con él. Le molestaba que sus logros en el deporte le hicieran creer a Alberto que era la última Coca-Cola del desierto. Lo miraba con desprecio, viéndolo alejarse de la embarcación.

—Si no fuera tan creído, me perdería con él en una de las islas. Pero no puedo confiar mis deseos carnales a personas que puedan hablar de más y comprometerme o perjudicarme —se decía Ángel entre dientes.

Ángel se marchó con su agua de coco de marca de una compañía local, la misma que ha sido propiedad de su padre desde hace más de veinticinco años y la cual se convirtió en el patrocinador número uno del equipo nacional de vela. Se montó en su *BMW* del año y se dirigió al área del estacionamiento de la laguna Cabezas de San Juan, ubicada en el sector Las Croabas, conocida mundialmente por su bioluminiscencia. Su misión en ese momento era tratar de ver a su tirador de pasto, que ya lo tenía malacostumbrado a proveerle lo suyo luego de cada sesión de práctica de velero. Acelerando su auto sin necesidad alguna, las revoluciones subieron exageradamente y el motor rugió como correspondía para embalar aquel lujoso juguete de cuatro gomas, regalito de papá, hasta llegar al semáforo que daba paso a la avenida. Su vida no había sido muy difícil que digamos, cobijado bajo el manto de la llamada sangre azul que lo patrocinaba incondicionalmente.

Una guagüita de frituras se encontraba en la esquina. Su emblema de pastelillos de chapín se veía un poco alterado por un grafiti muy extraño que se podía ver junto con un nombre. Ángel apenas se fijó en la guagüita, pues se encontraba texteando a un joven graduando de la Universidad del Sagrado Corazón con quien planificaba encontrarse al día siguiente en un restaurante muy *trending* del pueblo. Tampoco se dio cuenta de que la persecución ya estaba en progreso.

Los coquíes comenzaron a cantar su canción verde lentamente, como si empezaran el concierto del cual Pepe siempre hablaba en los libros preescolares. Los grillos, con sumo respeto, les cedían el turno de la noche, reconociendo su lugar en el reino animal del trópico. Las jerarquías se respetan hasta en lo más íntimo de la naturaleza. Los gallos, por ejemplo, todavía tendrían que esperar su turno unas horas más.

Cuando Ángel llegó al estacionamiento, ya estaba más entrada la noche. Un dúo de universitarios de pelo largo que vestían trajes de baño de florecitas desembarcaba unos kayaks mal amarrados. Se preparaban para dar unos *tours* a unos gringuitos que pagaban bien, gracias a la fama que habían creado entre sus conexiones en Facebook y a las reseñas falsas que sus novias escribían en la página del pequeño negocio. Había que aprovechar que no había sargazo en el área para poder hacer su agosto en diciembre.

Ángel se les acercó para preguntarles por su amigo tirador de pasto, que casi siempre se encontraba en esa área.

—Muchachos, ¿han visto a un chamaco que siempre anda en una bicicleta por aquí, y que le dicen *TJ*; uno que se pasa cerca de la rampa de bajar los barcos al agua y que siempre tiene un candadito en la barba? —preguntó Ángel con un poco de impaciencia y algo de decepción por no encontrarlo ahí.

—¿*TJ*? ¿El que truquea pasto? Un chamaco vino y dijo que era su primo. Roy dijo que se llamaba. Estuvo aquí hace un rato y mencionó algo de que *TJ* se tuvo que ir a hablar con su papá. Dijo que sabía que tú venías, pero comoquiera agarró un kayak de los de nosotros y se fue por el canal a hacer un poco de ejercicio en lo que llegan los gringos que estamos esperando para darles el *tour*. Pagó bien, así que le dimos *break*.

Ángel sabía de la relación de *TJ* con su papá, famoso tirador del área de Fajardo con el cual no se jugaba. Sin embargo, recordaba más a su primo Roy, con quien ya había tenido ciertos encuentros románticos, pagados, en el pasado.

Pensó en lo interesante que pintaba esa noche, repentinamente, para él. Se relamía los labios con anticipación. Enseguida les preguntó a los muchachos:

—¿Podría yo también usar uno de sus kayaks?

—Claro —respondió uno de ellos—. Pero devuélvelo en media hora, *please*. Son quince dólares.

Luego de darle un billete de veinte, Ángel se montó en el kayak, con el bulto creciendo en el pantalón, pensando en la casita de pescadores que ya había visitado en el pasado para un *quickie*.

—Las cosas que yo he hecho en cinco minutos… ¡media hora es un mundo! —se decía a sí mismo mientras remaba por el canal bordeado por mangles.

Los coquíes agudizaban su canto y las iguanas, como muertas, vigilaban desde las ramas.

Ángel estaba recién graduado de abogado y se disponía a ascender en su carrera de cabildero. Conseguía contratos millonarios del Gobierno para compañías privadas. Su labor consistía en lograr que la compañía que él representara firmara un contrato con el Gobierno, para lo cual utilizaba diversas técnicas que incluían, entre otras, no decir la hora de la subasta, ocultar la cantidad deseada por el Gobierno y minimizar la pérdida para la compañía privada. Con esto conseguía maximizar la cantidad de dinero pagada por el Gobierno por los servicios privados. Todo esto lo hacía bajo la nómina de la empresa privada, lo cual le daba espacio para todo tipo de transacciones fraudulentas con tal de mantener el bienestar empresarial. Ángel apenas estaba comenzando en este mundo, pero su conexión avalada por la sortija le mostraba un futuro prometedor.

A medida que comenzaba a paletear por el canal, el consabido aroma a manglar se apoderaba del ambiente, como una mezcla de monte con hongo de humedad. Se hacía más oscuro con cada remada que daba en la pequeña embarcación. Puso a sonar en su celular una canción de Ednita Nazario, porque sus baladas siempre le estimulaban sus instintos carnales.

La apariencia del agua comenzaba a cambiar de su rutinaria simpleza a una belleza exquisita que iluminaba cada manotada del remo barato. Era tan majestuosa la travesía, que no importaba las veces que hubiera pasado por ahí, siempre volvía a sentir que la experiencia era sobrenatural. Aquel canal llevaba a una de las maravillas no adjudicadas del mundo: una laguna llena de dinoflagelados que orquestaban una alegría luminosa, única en la naturaleza y en el mundo.

Al acercarse a la choza de pescadores ya abandonada, se pudo distinguir en la distancia la silueta de un hombre en el borde de la plataforma de madera. Los coquíes comenzaron a apretar su canto desesperado, casi gritando, como si quisieran advertir de lo que iba a suceder.

Ángel vislumbraba el cuerpo en la penumbra y volvía a relamerse de gusto. Pensó que tal vez su amigo había estado yendo al gimnasio, ya que se veía muy fornido, al menos desde lejos. Esto aumentó aún más el calor por todo el cuerpo. El bulto en su pantalón parecía a punto de estallar.

La silueta del que suponía su amorío desapareció de su vista internándose en la choza. Ángel apartó los mangles de su camino y se acercó un poco más. Atracó el kayak amarrándolo a un palo de color verdoso carcomido por el tiempo y cubierto de vida marina en la porción que quedaba bajo agua. Se apeó del kayak y se dirigió hacia la parte de la choza por donde la figura del hombre había desaparecido.

—No sabía que te gustaba jugar al escondite —dijo Ángel con una sonrisa de orgasmo anticipado.

La figura masculina emergió vagamente desde la oscuridad y le hizo un gesto con la mano para que se acercara. Ángel suspiraba de placer mientras se acercaba, muy decidido a saciar su sed. Pero de repente sintió un frío intenso en el abdomen. La sonrisa se le borró fulminantemente y toda sensación de vida se fue con ella. Las ganas de sexo terminan cuando la muerte comienza. La sangre llegó de inmediato a la laguna. La sortija del colegio jesuita que lo había salvado en tantas ocasiones no pudo salvarlo esta vez.

Dieron las 11:44 p. m. Sofía se despertó azorada en su cama. Los coquíes pausaron su canto intenso por un segundo, volviendo luego a su canción armoniosa, ahora ya más lenta y con los grillos de acompañantes. Ellos siempre cerraban las actividades nocturnas de la Isla.

CAPÍTULO 5: NOTICIAS

El asesino encendió el televisor para disfrutar su parte favorita del día: las noticias de primera plana presentadas por el reportero Paco Flores. Se escuchó en el noticiero: "El cuerpo sin vida del licenciado Ángel Rosas fue encontrado por un turista flotando en la laguna fluorescente Cabezas de San Juan, en Fajardo. El turista, mientras planeaba una sorpresa para pedir la mano de su novia, se topó con el cuerpo sin vida del polémico cabildero. El reconocido detective Miguel Hernández, que llevaba un tiempo retirado, se ha integrado a este caso… Internacionales: clandestinos en Cuba se apoderan de camión lleno de carne que iba de camino a la Quinta Avenida en Miramar de La Habana y lo reparten en Guanabacoa… República Dominicana recibe al Papa ante la crisis humanitaria… Y volviendo al ámbito local: buenas noticias para los conductores de los pueblos de Humacao a Caguas: los trabajos de reparaciones en la carretera treinta están a punto de concluir, luego de treinta y cinco años de su comienzo. Por otro lado: las restauraciones al castillo San Felipe del Morro van a paso acelerado y este debe estar listo para la tan esperada visita del presidente de Estados Unidos. La gobernadora se encuentra muy entusiasmada con estas labores…".

El asesino miraba al reportero y pensó en que llevaba siguiendo su carrera en los medios desde los inicios. Podía notar cómo su dicción había ido mejorando con el tiempo, pues se acordaba de cuando el pobre gagueaba de vez en cuando frente a la cámara, al principio. "No hay limitaciones cuando se quiere llegar a algún lado", se dijo complacido y enfocándose con cierto grado de cariño en la imagen que veía en la televisión, como si el reportero fuera parte su familia. Los asesinos prefieren estar alejados de su familia de sangre; las figuras y los personajes de la televisión suplen esa carencia.

Se sentó en su silla reclinable, contemplando el río que pasaba detrás de su patio y enorgulleciéndose de su jardín. ¡Tanto empeño que había puesto en él! Muchas tardes de doblar espalda para cuidar su cosecha. Su mirada tranquila se perdía en el paisaje con cada sorbo de café mientras reflexionaba: "¡Qué bueno que el mensaje está llegando! Ya mismo se van a enterar de todo. La Isla y el Caribe comprenderán la importancia de todo esto. Esta islita tenía más significado de lo que la gente cree. No hay coincidencias, todo está ahí, siempre ha estado ahí". Mientras discurría sobre esto en su mente se le cerraban los ojos en un gesto de pacífica complacencia y se deleitaba en la armonía de los pájaros.

"¡Que no se confunda mi afán de ser reconocido con mi libertad envidiable! Para eso existen los seudónimos, para eso existen identidades secretas. ¿Se puede disfrutar de la propia fama desde la distancia? ¿Acaso no es eso lo que los famosos hacen? Se ocultan detrás de algún nombre. ¿O es que el *Unabomber* llevaba ese nombre desde que nació?".

Entre estos pensamientos suspiraba el asesino elevando la vista y la cabeza hacia el horizonte, como consciente de su propio personaje. Sin embargo, él no deseaba tener un nombre puesto por sí mismo; prefería que fuera su fanaticada la que lo nombrara. Le gustaría que fuese algún nombre épico como "El Asesino del Zodiaco", "El Hijo de Sam" y "El Asesino de la Camioneta de Hielo". Para él era sumamente importante que su nombre fuera escogido por el pueblo, que saliera en primera plana, incluso que llegara a figurar en la lista de los mejores asesinos en serie de la historia, es más, si posible, que encabezara esa lista. "¡Que me lo den en vida!", pensaba, tal como decía aquella canción de El Gran Combo. Pero todo esto lo quería lograr sin apartarse de su promesa. Él quería salir airoso de manera contundente; que todos reconocieran el valor de su trabajo, que supieran la verdad.

—Puede que consiga objetivo hasta más temprano de lo que me había propuesto —se dijo en voz alta frente al espejo.

Se sentó en su escritorio con una computadora superpotente y un equipo de espionaje digno de cualquier agente secreto. Pensaba que el día perfecto ya iba llegando, a la vez que encendía su equipo. Las mentes más agraciadas intelectualmente tienen sus desventajas. La grandeza no deja espacio para las nimiedades.

CAPÍTULO 6: EL RATÓN

Miguel y Raúl se encontraron en la barra El Ratón para discutir los últimos acontecimientos. Este local es el que más frecuentaban en su momento los papás de ambos. Ellos habían estado ahí de niños muchas veces, acompañando a sus padres mientras estos dizques los llevaban al parque a practicar. Pidieron una cerveza local y unos taquitos de pollo en fricasé con papas majadas y un poquito de pique, como acostumbraban desde muy jóvenes.

—Güelo, este asesino es muy particular, sigue un patrón, pero es muy difícil de descifrar... Pásame el pique, no se lo eches todo a tus tacos; tan fino y tan afrentao —protestó Raúl mientras arrebataba la salsa picante de las manos de Miguel.

—No deja huellas digitales, no hay testigos, no hay arma, no escoge un área específica. Hemos encontrado cuerpos desde Rincón hasta Fajardo, aunque muchos han sido en el área metropolitana y Caguas. Muy pocas cosas son congruentes. Los asesinatos que tenemos en frente siempre han ocurrido en áreas solitarias, no podemos explicarlos desde el punto de vista de las gangas y tampoco existe móvil pasional (o, por lo menos, no lo hemos encontrado). Lo único que se repite es eso del grafiti en el área del ataque con el nombre de la persona asesinada, y que también aparece una palabra o una frase subrayada debajo del nombre. En el caso de Pedro Carrión, decía *lavado de dinero*; en el del licenciado, decía *corrupción*. Y mira, hace dos semanas fue el boxeador que le había dado la pela a su esposa y la dejó casi muerta; en su dibujo estaba escrita la frase *violencia doméstica*. La semana antes de ese caso fue encontrado otro cuerpo, el de un dueño de una gallera, y decía bajo su nombre *crueldad contra los animales.*

En el caso de Pedro Carrión, le hizo un corte en la cara, le sacó la piel y los músculos y dejó al descubierto la osamenta. Y no de cualquier manera, no; parecía como si fuera una obra de arte. Aquí te tengo toda la información: fotos, informes, nombres de testigos, aunque no oculares… La verdad es que me siento como si estuviera en un callejón sin salida. Y la Gobe pide acción, y yo no puedo defraudarla. Ya sabes que Laurita depende de esos tratamientos que ella me consiguió y, pues, las influencias son muy importantes; además, la mayor, Yaritza no hubiese entrado al programa de ingeniería sin su carta de recomendación…

—Raulo, te prometo que voy a mirar todo con detenimiento, pero no me dejes colgando si la cosa se pone fea como otras veces —respondió Miguel mirándolo fijamente a los ojos—. Oye, Raúl, ¿qué pasó con el otro caso que estaba pendiente antes de retirarme? El caso del tipo que guiaba la grúa de Policía que asesinó al muchacho aquel que le decían el Che mientras manejaba una bicicleta con sus niñas.

—Güelo, al tipo de la grúa le dieron probatoria. Pero, mira, me tengo que ir ya. Me saludas a Sofía, que hace mucho no la veo. Me imagino anda muy ocupada en estos días. Cuídala de los buitres amigos de ella, ese mundo de ricos es donde más tenemos.

Raúl se despidió con un abrazo, como siempre, y caminó hacia su *Mustang* negro convertible. Mientras se tomaba la segunda cerveza, Miguel, miraba detenidamente el reloj de pared que anunciaba una marca de ron barato que ya había desaparecido del mercado. Irónicamente, los relojes lo relajaban.

Se puso a pensar en su padre, en el momento que lo llevó de pequeño a ese mismo cafetín de pueblo que contenía todas las historias de chillería, peleas y berrinches en cinco millas cuadradas; el mismo lugar donde falleció su tío por causa de una riña sobre quién pagaría el *round* de cervezas, suceso que terminó afectando la mente de su padre de por vida. En todas aquellas historias, ese reloj fue el testigo principal, marcando la hora de los hechos.

Cuando más concentrado en los detalles mohosos del aparato se encontraba Miguel, percibió la silueta de una persona que se bajaba de un *Jeep* negro. Su figura esbelta encajaba perfectamente en el traje negro de diseñador que dejaba ver sus preciosas piernas, y cuyo escote enseñaba justo lo necesario para provocar pensamientos indecentes hasta al más puro. Un tatuaje en la pierna izquierda sugería su adoración por la playa y también acentuaba su espíritu rebelde y lúdico. Sus gafas de sol de diseñador, ciertamente nada accesibles para todas las clases sociales, cubrían unos ojos verdes que habían sido fotografiados cientos de veces a lo largo de su corta carrera de modelo, durante su adolescencia. Sus pecas desorganizadas adornaban cada centímetro de su piel. Su pelo castaño, que le caía en los hombros, bailaba por el aire al ritmo de su caminar de pasarela. Un alma libre llena de vida, logros y, recientemente, metas a punto de lograr. Se encontraba lista para terminar proyectos de vida pendientes. Se dirigía hacia donde estaba Miguel, esa otra alma tan distinta a la suya, pero que tanto la mimaba y la adoraba. Caminaba robándose la atención de todos con aquellas infinitas piernas visiblemente trabajadas en el gimnasio.

—Te llevo diciendo hace rato que esa cerveza te va a matar, ya es tiempo de que cambies a vodka con agua y gotitas de algún sabor. A mí, por ejemplo, me gustan las de *strawberry* y melón —le susurró al oído, mientras le daba un beso en el cachete. Un beso muy lento, muy pícaro, buscando con la mirada los ojos de Miguel. Con cada uno de sus besos le transfería un pedacito de su alma. Era la única manera en que sabía besar a Miguel. Algunos de los presentes siguieron ese saludo como si fuese una escena en cámara lenta.

—¡Qué sorpresa, Sofía! Pensaba andabas de guardia —dijo Miguel con cara de extrañado.

—Solo pasé a saludarte, mi impropio favorito. Esas guardias se hacen eternas cuando no te dejan hacer nada. Estoy loca por tener mi práctica y no tener que depender de que otros dicten mi vida —respondió ella con una mezcla de seriedad y ternura.

—*Mija*, en esta vida siempre respondemos a alguien, solo es cuestión de saber a quién —le advirtió Miguel sin dejar de admirar su belleza como si fuera la primera vez que la veía. Luego miró a su alrededor y se percató de que todas las miradas de jóvenes y no tan jóvenes, prácticamente babeándose por su pareja, comenzaban a cambiar la vista al descubrirse atrapados en la mirada penetrante de Miguel.

—Aquí estaba Raúl conmigo discutiendo unos casos, te lo perdiste por unos minutos. Te mandó saludos… Oye, cuando vengas por aquí vas a tener que vestirte como monja; parece como si esta gente nunca en la vida hubiera visto una mujer.

—Muy gracioso. El que mira sufre y el que toca goza, mi vida. Amor, no te quito tiempo, imagino que estás en tu mundo intentando resolver casos extraños. Solo te quería saludar. Voy a pasar a ver a mami y después regreso a estudiar con los tres chiflados hijos de Rockefeller, como tú les dices —respondió Sofía dándole otro beso a Miguel, aún más lento, como si estuviera una obra de teatro frente a su público.

—Está bien, linda, ve con cuidado. Me saludas a tu mamá; algún día la voy a tener de mi lado, no se me va a poder resistir —se despidió Miguel con mirada de ternura—. Y a los Rockefeller… con esos ten mucho cuidado, ese mundo no lo entiendo mucho, pero si veo sus estragos todos los días.

—¡Claro que mami no se podrá resistir! Solo tienes que cocinarle y ya verás. Los de mi mundo… a esos yo los sé manejar; llevo una vida haciéndolo.

Sofía sonrió, acarició la cara de Miguel, se dio la vuelta y se dirigió a la salida, mientras los boquiabiertos la acompañaban con sus miradas hasta el *Jeep*.

CAPÍTULO 7: TIEMPO

Un olor a almendra tostada se sentía en el aire. El asesino se servía café por segunda vez, como todos los días. El café en las islas es una manera de conectar con la tierra desde temprano. Para los isleños es parte esencial del día. Cada uno de los isleños lo toma de alguna manera diferente, porque cada alma lleva diferente concentración de azúcar.

Una vela madrugadora se quemaba graciosamente, dejando caer su esperma hacia un solo lado.

—Las velas deben de tener alma; uno nunca puede predecir la forma de su fundición —pensaba él.

Revisó su *laptop*, sus conexiones, leyó sus mensajes, borró todo su *spam mail*, hizo sus apuntes. Preparaba y organizaba sus notas con precisión y atención perfecta detalles. La investigación a fondo es tan fundamental para el crimen como para la pesquisa que busca resolverlo. Tenía mucho trabajo por delante y todo tenía que estar terminado según el tiempo programado en su agenda.

Se detuvo un momento a mirar las noticias cuando escuchó al reportero Paco Flores hablar sobre el caso del viejo San Juan y mencionar al detective Hernández.

—¿Quién es este jugador nuevo, interesante, que ha traído la Policía? —se preguntó.

Congeló la imagen en la pantalla del televisor, buscó su libreta de notas y enseguida apuntó el nombre del detective. Ya tendría con qué entretenerse luego.

Unos boletos de avión descansaban sobre la mesa del comedor junto a unos potes de pintura de aerosol. Viajar por el caribe era una de sus actividades favoritas. El olor de cada isla es diferente; aunque la sangre tenga el mismo color, a las donas les cambian la cantidad de azúcar en distintos lugares. Cada isla le daba un toque especial a su trayectoria y lo había marcado de alguna manera, pero esta isla bígama a la cual viajaría próximamente era considerada por él como la que le abrió los ojos.

Últimamente le gustaba imaginar cómo se registraría en la historia su legado, cómo se escribirían los libros sobre sus acciones. Su vida sería estudiada a fondo y los resultados de su ejecutoria se estamparían para siempre en la historia de Borikén. "Nunca dejes que el mundo dicte tus acciones; busca tu propio rumbo", solía decir su abuelo allá en la colina.

Don Indio, como le llamaban en el campo, siempre aparecía en sus pensamientos. Tener un abuelo de tierra adentro que haya vivido tanto tiempo presentaba sus ventajas, y más cuando era tan interesado en la historia no contada de la Isla. Mucho aprendió de él cuando era niño; de hecho, su propósito en la vida, su destino, había sido dictado de algún modo por los pensamientos del abuelo.

Su abuelo era un hombre muy conocido en el pueblo de Caguas. Contaba como una desgracia el haber sido víctima de las expropiaciones del Gobierno que llegaron a abarcar hasta cuatrocientas cuerdas de terreno por propietario en los años cincuenta. En aquella época él tenía muchas fincas. Había acumulado muchas riquezas gracias a trueques interesantes que siempre terminaban en la adquisición de más tierra, pero el llamado *progreso del pueblo* había tenido más peso para el alcalde que lo que representaba para él un rico sin afiliación política. Se decía que el alcalde lo pudo haber ayudado a conservar sus tierras, pero al final del día, más le valían los votos y las conexiones políticas.

En el pueblo se contaban muchas historias acerca de don Indio. Era un señor delgado, de poca estatura, con una perenne sonrisa de paz. Decían que le vendió el alma al diablo, que practicaba ritos satánicos ocultos, que sacrificaba animales, que hacía brujerías o santería y que lo habían visto con la cara pintada de rayas de guerrero de lucha libre barata. Le atribuían muchas desapariciones de personas y animales en el área. Se inventaron leyendas, se escribieron poemas sobre su figura y hasta trovas se cantaron en su nombre. El abuelo fue siempre muy discreto y privado con respecto a su vida, lo cual contribuyó a que se hablara sobre el supuesto *secreto del indio*. Muchos jóvenes hacían apuestas para ver quién de ellos se atrevería a pasar la noche en la finca de don Indio. Y a todos se les olvidaba que don Indio era la primera persona que les daba la mano cuando llegaba cualquier temporal u otras desgracias al área.

El asesino conocía mucho sobre la vida de su abuelo y sentía que una gran parte suya seguía viva gracias a él. Conservaba sus libros y panfletos, objetos diversos y hasta llaves para sus más ocultos secretos. Su mamá, antes de morir, solía mencionar lo mucho que él se parecía a su abuelo cuando era más joven: los lunares, el cabello liso y esa tez oscura hermosa, acaramelada perfectamente por la naturaleza, sin necesidad de sol.

Preparándose para salir, se detuvo para buscar en su celular una aplicación avanzada de mensajes. Esta aplicación le permitía conectarse con cualquier herramienta de mensajes utilizando un sistema encriptado tipo fantasma. Sus estudios en informática le resultaban muy útiles para estos asuntos. Encontró rápidamente a su personaje misterioso con nombre y apellido. En cuestión de minutos creó una cuenta falsa, y de inmediato estaba listo para enviarle un mensaje al detective Miguel Hernández. Pero en el último segundo decidió contenerse y dejarlo para un mejor momento; todo tenía que ser en el momento preciso.

Miró el reloj compulsivamente, como siempre lo hacía. Se observó con detalle en el espejo para ver su cara, como de costumbre. Estaba casi listo para la aventura, pero antes, a disfrazarse para la ocasión.

Antes de encargarse de su próxima víctima, siempre realizaba un ritual impecable; todos los detalles tenían que concordar perfectamente. El día anterior había ido al *Salvation Army* y allí había conseguido exactamente lo que necesitaba: ropa usada, ya desechable, de la cual pudiera deshacerse de una manera rápida sin dejar ningún tipo de rastro. Se hizo de unos guantes viejos casi en hilachas, pero que le cubrían las manos. Esta vez le quedaban un poco grandes, por lo que utilizó una presilla para ajustárselos. Se puso un pantalón muy desgastado, una camisa con rotos, un gorro de ala ancha maltratado y zapatos de cuero maltratados. Se maquilló la cara cuidadosamente. Puso su celular en *airplane mode* para no poder ser rastreado. Agarró su puñal, que libraba de todo mal a sus víctimas y lo ayudaba a cumplir con sus ofrendas a los dioses. Antes de salir de la casa sacó cuenta: uno, dos, tres, llaves, celular, cartera. Ya estaba listo.

CAPÍTULO 8: VICENTE

El joven Vicente se encontraba practicando el saxofón como lo hacía habitualmente; tocaba una y otra vez canciones de Kenny G en su pedazo de metal teñido mientras su saliva, todavía muy santa, penetraba el instrumento produciendo notas claras de suma belleza, gracias a su talento natural. Su uniforme muy bien planchado, y el pelo, nítido, listo para enfrentar el día. Una monja llamada Sara, cincuentona, de cabello muy corto y cabeza sin velo, conocida por muchos a lo largo de varias generaciones de familias, le tocó el hombro y le dijo:

—Es hora de irnos al colegio; te voy a llevar yo personalmente, como le prometí a tu papá, por ser tu primer día.

Vicente y la monja se montaron en un *Nissan Sentra* que en algún momento fuera color azul, pero ya se veía más bien gris, gracias a la inclemencia del sol de la isla. Algunos carros ocultan su pintura original, como si tuvieran secretos dentro y tuvieran que disfrazarse para salvar su alma. Llegaron al colegio de la pequeña ciudad justo a las 7:45 a. m. No era coincidencia que llegaran a la hora de más tráfico, pues a la hermana le encantaba que los maestros y la comunidad escolar en general la vieran llegar. "Seré servidora del señor, pero no pendeja. Que me vean los envidiosos, que lo que hacen siempre es criticarme", pensaba la hermana, "que vean las obras que hago por el Padre celestial".

Se abrieron paso por la entrada principal y la hermana saludó al guardia de seguridad que se reintegraba a sus labores, una vez más, luego de retirarse por tercera vez en cinco años, poco después de otra fiesta de despedida con todo y regalos incluidos. La monja estacionó su auto estratégicamente al lado del lugar donde se celebraría la misa. Al bajar del auto, la hermana se encargó de sonreír a todas las maestras que estaban llegando en ese momento, mientras empujaba disimuladamente a Vicente hacia el pasillo del colegio. Se detuvo frente a la pequeña capilla nombrada en honor al beato que en algún momento cursara clases en tan prestigiosa escuela, hizo una genuflexión y se persignó como siempre hacía. Al llegar al corredor principal del colegio le dio una palmadita en el hombro al niño y ambos se dirigieron hacia una estructura enorme en donde se daría la misa obligatoria de principio del año escolar.

Antes de la homilía, la monja comenzó su discurso acostumbrado para la ocasión:

—Estimados padres, madres, maestros y señor principal, me place informar que el año pasado pudimos cumplir con todas las metas de cuotas establecidas, y que gracias a ello pudimos otorgar cinco becas para hacer estudios en nuestro colegio. Con ese dinero, además, pudimos hacer unas cuantas mejoras al plantel. Pero hoy recurro nuevamente a su generosidad con la certeza de que no nos decepcionarán, pues sus corazones inmensos están encaminados en los senderos del Señor. El joven que ven aquí, a mi lado… —Vicente la miró con curiosidad inquietante; Sara pausó en su discurso y con calculado dramatismo dirigió su mirada hacia él—. Vicente, toca una de tus canciones en lo que yo hablo con los padres.

Vicente era un niño muy obediente que había aprendido que los mandatos de los adultos se acatan sin cuestionamientos. Se acomodó los audífonos y comenzó a tocar una melodía hermosa del maestro David Sánchez.

—Verán, él es una persona de escasos recursos y no tiene ni dónde dormir esta noche. Está bajo mi cuidado, y además de albergue yo le brindo su poquito de cena todos los días. La ropa que lleva puesta ha sido donada por una organización sin fines de lucro que fundé hace algún tiempo, la Fundación Huellas en la Arena —dijo la hermana, ocupándose de mirar a cada uno de los presentes, público cautivo, obligado a asistir a la asamblea por el reglamento del colegio.

Vicente seguía enfocado en su música con mucha pasión. Con sus audífonos puestos no escuchaba el monólogo de la hermana. Solo percibía el vibrar del sonido de alto que lo inundaba y que le encantaba transmitir a otras personas.

—Este jovencito tiene una afección en las cuerdas vocales que le impide producir sonidos normales del habla; únicamente puede producir música, es su manera de comunicarse, y le encanta hacerlo con este instrumento de viento. Es por esto que hoy les ruego encarecidamente que abran sus corazones y hagan una donación especial para poder ayudar en la formación futura de este adolescente, ahora mismo, antes de que comience la celebración de la misa, para no interrumpir la experiencia sagrada.

La hermana Sara hizo aparecer unas canastas que tenía ya preparadas con la foto de Vicente, y con la ayuda de varios estudiantes se aseguró de que pasaran por todos los escaños de la congregación. La música estaba cada vez más intensa, ya que Vicente, como siempre, se encontraba entregado en cuerpo y alma mientras tocaba. "Todas las notas deben llegar al corazón" — le decía el maestro de música de su infancia.

Los padres y madres que habían sido citados a la misa de inauguración del año escolar abrieron sus carteras y comenzaron a sacar billetes de cinco, de diez y hasta de veinte; los maestros aportaban lo que podían y algunos estudiantes llegaron a donar el dinero de su almuerzo, entre sollozos. Los sueños de empanadilla de *pizza* y Coca-Cola de almuerzo se esfumaron momentáneamente para ayudar en este gran apostolado.

Vicente terminó su pieza y se sentó con el resto de los estudiantes. Los jóvenes lo recibieron con cariño, lo hicieron sentir como en casa. Sus riquezas no significaban nada cuando se trataba de dar la mano al menesteroso; eso es lo que les enseñaban en el colegio, y ellos querían demostrarlo. Pensar con el corazón primero era su lema… a menos que el sacrificio tuviera que ver con algún quinceañero (ahí sí se sacaban las uñas las chicas; a los chicos les bastaba con ir a la cancha de baloncesto a resolver a la hora del almuerzo).

Después de recoger todas las rústicas canastas, hechas de penca de palma para mayor dramatismo, Sara guardó todo el dinero cuidadosamente en su bolsa de tela marrón y avanzó hacia la puerta trasera de la estructura centenaria en donde se celebraba la misa. Caminaba hacia el auto con una sonrisa espléndida, como felicitándose a sí misma. Se despidió del guardia tres veces retirado, no sin antes darle una propina de cinco dólares para que se comprara, como siempre, su sandwichito de tuna y su refresco. Puso la bolsa marrón en el baúl de su carro corroído, en donde descansaban otras cinco bolsas iguales, y en ese momento recibió un mensaje de texto en su celular. Era de Rosa: "¿Cómo salió todo?". Tratando de ocultar su alegría, contestó: "Tremenda bendición, nos vemos en la tarde. Ordena *sushi*. Ya tenemos el dinerito para el viaje. Al fin podremos volver a tomarnos de la mano, y mucho más, sin que nadie nos esté juzgando. Si la gente supiera… En el amor, mamita, no hay barreras de sexo, pero tampoco las hay de religión, reverenda de mi vida. Te amo".

Acto seguido, le escribió un mensaje al papá de Vicente: "No creo que a Vicente le vaya a gustar esta escuela tampoco. Se veía un poco distraído, como inquieto, y los niños lo miraban como si fuera un extraterrestre. Lo dejé en la escuela un rato porque tengo que ir al banco un momentito para unos asuntos personales. Por la tarde te lo llevo y hablamos sobre otras opciones; en este pueblo hay varios colegios católicos. Éxito en tu viaje de negocios. Y no te preocupes, Dios nos va a guiar a encontrar la escuela correcta". Apretó el símbolo de "enviar" y selló la acción con la señal de la cruz.

—Mejor un pecado persignado, que dejado al aire libre… por si acaso —se dijo mientras miraba hacia el cielo.

Sara encendió su viejo auto, esta vez con alguna dificultad —ninguna monja debe tener carro último modelo— y condujo lentamente por el redondel en dirección a la salida de aquella histórica institución donde la mayoría de los políticos, abogados y doctores del pueblo habían cursado sus primeros años de formación académica.

Ya en la calle principal, encendió la radio y conectó enseguida su iPhone — este sí era de último modelo— para darle rienda suelta a uno de sus placeres ocultos: escuchar a todo volumen a Eminem. Entonces arrancó rumbo al banco que quedaba al pasar el terminal de carros públicos. Al llegar al semáforo, un vagabundo se encontraba esperando para pedir limosna al próximo carro que se detuvieran luz roja. La hermana detuvo el vehículo, bajó el cristal de la ventana y le habló al mendigo.

—Nunca lo he visto por aquí, pero tenga este menudo para que se compre alguito —le dijo mirándolo con detenimiento, pensando lo raro que era ver ahí a un deambulante que no era de los habituales. Ella pasaba parte de su tiempo colaborando con la Casita de Ayuda del pueblo, por lo que conocía a casi todos los mendigos del área—. Los mendigos son pedazos de Dios en la tierra que nos ayudan a ser mejores personas —añadió, haciendo un esfuerzo por verle la cara a aquel hombre.

El mendigo extendió la mano cubierta con guantes de cuero viejo y apestoso a humedad de la noche. Sin decir palabra, le entregó a la monja un papel doblado a cambio del menudo gratificante. Ella volvió a mirar hacia delante y colocó el papel en la consola de su auto, donde solía poner las monedas para el peaje en otros tiempos. No era cosa rara que los mendigos regalaran mensajes bíblicos en papelitos de vez en cuando. Esperando el cambio de luz, le dio con desdoblar el papel, y mientras lo miraba muy confundida la luz cambió a verde. Sara se volteó para mirar al mendigo, cuando, de repente, el frío de una navaja le atravesó el cuello. Sus ojos se abrieron espantados. En medio del dolor y el desespero, la hermana logró agarrar el guante del mendigo y lo haló con fuerza hasta quedarse con él en la mano. Puso el pie en el acelerador descontroladamente. Ya su partida de este mundo estaba asegurada; la sangre brotaba a chorros de su cuerpo, empapando toda la ropa. El auto se estrelló en la esquina más cercana, contra la vitrina de una tiendita local.

Así terminó la faena del mendigo, y Sara llegó finalmente a su cita con Dios. Esta vez, hasta los coquíes fueron cogidos por sorpresa, pues era muy temprano para su espectáculo usual. El vagabundo se fue por la misma calle en dirección contraria como si nada hubiese pasado. De la nada, aparecieron unos changos como para confirmar la muerte.

Gusano

Mientras disfrutaba de un merecido descanso, el reportero tomaba su *Chardonnay* de la tarde, acompañándolo con trozos de queso manchego. Abrió su computadora portátil para leer los mensajes de sus seguidores e informantes. Siempre había un sinnúmero de loquillos fanáticos que lo que buscaban era perjudicar a algún político en específico, pero había uno que otro al que consideraba como fuente de entero crédito. Tenía una lista de contactos especiales que le enviaban noticias entre las cuales podía separar el grano de la paja. También contaba con contactos entre la clase artística que le contaban sobre la vida personal de la farándula, incluyendo sus excentricidades íntimas y sus gustos "alternos". Si algo había aprendido en su carrera de leyes, era que el balance de las cosas era muy importante; alterarlo podría traer caos. Ejecutaba fantásticamente ese equilibrio, guardándose de los tentadores escándalos de prensa amarilla, pero nunca se percató de que un *worm* maligno drenaba la información de su computadora. Información que llegaba directamente a la computadora del asesino.

CAPÍTULO 9: MENSAJE

La noticia de la monja muerta llegó rápido al cuartel. Raúl Rivera le envió un mensaje a Miguel y este salió inmediatamente hacia el lugar de los hechos. Al llegar, unas diez patrullas rodeaban el sitio. Algunos estudiantes llegaron hasta muy cerca de la escena; atónitos, la mayoría no podía contener el llanto. En aquel momento ni siquiera los roba cadenas se acercaron a los chicos privilegiados.

Miguel se dirigió al primer oficial que estaba controlando el perímetro.

—Diga, señor oficial, ¿qué tenemos aquí?

—Perdone, pero ¿quién es usted? —contestó el oficial novato mirando a Miguel de arriba abajo.

—Soy el detective especial Miguel Hernández. Estoy jubilado, pero el sargento Raúl Rivera me pidió ayuda para este caso; así que salí del retiro por el momento.

—¡Oh, Raúl! Entonces, pase por aquí. El sargento se encuentra junto al vehículo, con el fiscal y la gente de Forense —se corrigió el novato.

—Gracias. Amárrese su zapato derecho, oficial, que le quita autoridad el andar desarreglado.

Miguel se acercó al carro aún encendido con el cuerpo ensangrentado de la hermana en su interior. La pareja de viejitos dueños del negocio que fue impactado por el auto se abrazaba perpleja, sollozando, calculando sus pérdidas, pero más que todo, sobrecogida ante el cuerpo sin vida de quien fuera su fiel clienta de la venta de ron caña que mantenían al margen de la tienda.

—Miguel, ¡qué bueno que llegaste! Mira lo que encontramos: una nota con el mismo dibujo de los otros casos, el nombre de la monja y la frase "Fraude a la educación". Además, unas bolsas llenas de dinero en el baúl del carro; y lo mejor de todo… al fin nuestro amigo ha cometido su primer error. Resulta que la hermana parece haber agarrado el guante de su asesino; lo vamos a enviar al laboratorio de forense a ver qué tipo de información podemos sacar de él.

—Otra cosa: la cámara del banco que está al cruzar la calle pudo captar el momento en que el carro impactó la tiendita y la figura de un vagabundo muy andrajoso que se acercó al carro de la hermana. Luego del impacto del auto, se ve al vagabundo caminar en dirección opuesta como si nada.

Miguel miraba la calle, la tienda destrozada, el banco famoso por sus especiales musicales anuales, y comentó:

—Raúl, esto fue en pleno día; eso sí es algo raro. Todos los casos anteriores han ocurrido por la noche. Me pregunto qué lo habrá sacado de su madriguera a esta hora del día y cómo carajos sabía lo que hacía esta señora.

—Yo creo que este caso en particular tiene mucho significado para él, pero ¿por qué?

—Además, en el caso del viejo San Juan se utilizó un arma de fuego, aparte de algún instrumento filoso, pero en el caso de Fajardo y en este fue solo, presuntamente, arma blanca. El asesino es preciso, parece tener alguna experiencia militar y conocimiento de disfraces; el tipo no es ningún pendejo, Raúl. Este es un profesional entrenado para matar, y con una encomienda. No nos ha dejado salidas, y la verdad es que me empieza a preocupar qué otro tipo de cosas estaría dispuesto a hacer. ¿Saber qué? Deberíamos convocar a la prensa; se me ocurre que así podríamos manipular su mente un poco, a ver qué conseguimos.

—¿Sabes? Esa figura particular que ha aparecido pintada en la pared, y ahora en el papel… He preguntado a reguetoneros, a grafiteros, y nadie sabe decirme a qué grupo representa; es como si no perteneciera a nada que conozcamos —añadió Raúl.

Papá

Miguel agarró su celular para enviarle un mensaje a Sofía y se percató de que había recibido un mensaje muy extraño. Era del número de teléfono de su fallecido padre, ya hace mucho tiempo: "Hola, Miguel".

El detective se quedó mirando el mensaje, atónito, y mientras movía la cabeza con cara de decepción solo pensaba: "Los muertos no envían mensajes. Un mensaje de mi papá fallecido tiene que ser una broma, de muy mal gusto, por cierto".

Entonces se escuchó el primer coquí de la tarde, que todavía andaba de solista, como abriendo el *show* que se avecinaba.

CAPÍTULO 10: EVIDENCIA

Miguel se sentó frente a su computadora a pensar en lo poco que había logrado recopilar de los casos:

- El dibujo parecido a una ameba con los ojos casi redondos.
- El nombre del asesinado siempre tachado.
- Una frase debajo del nombre, específica para cada asesinato.
- La organización especial de estas cosas (el dibujo y el nombre, uno encima del otro, siempre cerca del área del crimen, pero no necesariamente en el sitio exacto donde se encontraba el occiso).

Hacía apuntes en su pequeña libreta y pensaba: "¿Qué conexión tendrán entre ellos los asesinados? Los asesinos en serie siguen algún patrón a la hora de escoger a sus víctimas. Y el patrón es, usualmente, más simple de lo que parece a primera vista. Pero lo único que parecen tener en común estas víctimas es que no son personas de las que uno normalmente pensaría que morirían asesinadas". Y luego: "¿Quién será el graciosito que me envía mensajes usando el número de teléfono que era de mi padre?".

Reportaje

"Saludos. Aquí Paco Flores reportando para Noticias en Cinco Minutos. Aparece servidora de Dios brutalmente asesinada en la calle El Troche en Caguas; se buscan testigos que ayuden a esclarecer este crimen. La hermana Sara Fernández falleció esta mañana cerca de las 9:00 a. m. La Policía tiene en su poder un trozo de papel hallado en el auto de la víctima en el que se puede ver un dibujo muy particular con el nombre de la religiosa junto a otros detalles. Este dibujo es muy similar a los encontrados cerca de los escenarios donde han ocurrido varios asesinatos recientes. En otras novedades: malas noticias para la Escuela de Medicina; solo el 55 % de sus estudiantes aprobaron la reválida estatal. Y, por otro lado, malas noticias también para los conductores de los pueblos entre Humacao y Caguas, pues los trabajos de reparaciones en la carretera treinta han dado otro traspiés y no se ha definido cuánto tiempo tardarán en completarse las labores en esta vía".

CAPÍTULO 11: REVELACIÓN

La casa de Miguel, estilo chalet de madera, única por su vista privilegiada al expreso de Caguas a San Juan, le daba cierto sentido de soberanía sobre el panorama. La soledad del lugar, además, lograba armonizar sus pensamientos. Su ubicación alejada de la ciudad era una desventaja en cuanto lo mantenía aislado, mientras que la cercanía a la autopista no era el ambiente idóneo para la intimidad, pero por alguna razón le fascinaba el sonido de los carros a cualquier hora sobre la carretera. Algunos amigos de vez en cuando, borrachos, le gritaban palabrotas desde la autopista, como si fuesen todavía unos jovencitos. Él nunca los escuchaba, aunque decía que sí, porque le divertía el simple hecho de imaginar aquella chiquillada de parte de sus amigos, incluyendo al mismo Raúl.

Aquella madrugada Miguel se levantó a las 4:00 a.m. desvelado. Había tenido una revelación. Accedió con prisa a su computadora y se puso a mirar páginas de petroglifos indígenas hasta que encontró lo que buscaba. La misma silueta que aparecía dibujada cerca de cada uno de los asesinatos recientes se encontraba en una de las páginas de internet dedicadas a los taínos y, para su sorpresa, también aparecía descifrado su significado: muerte.

Antes de que se le escapara ningún detalle por el cansancio del desvelo, agarró el teléfono y le envió un mensaje de texto a su amigo Raúl: "Muerte taína". Luego se volvió a acostar y le quitó el sonido a su celular porque sabía que Raúl le iba a responder bastante rápido, pero él necesitaba dormir un poco más. Las amistades no son justas, son necesarias. De hecho, cuando la báscula se inclina, la búsqueda del balance hace más poderosa la amistad.

El despertador sonó a las seis de la mañana, y a esa hora ya Miguel tenía una llamada perdida de su madre y un mensaje de Raúl. Se levantó casi sonámbulo y encendió la cafetera ya preparada desde el día anterior, con sus granos del pueblo de Lares tostados en Caguas. Recogió la cama casi a la perfección y se apresuró a leer el mensaje de Raúl: "¿Qué tiene que ver 'muerte taína' con todo esto?".

De inmediato llamó a Raúl a su celular.

—Dime, Miguel.

—Raúl, la verdad es que no estoy seguro, pero creo que eso es lo que significa la figura dibujada arriba del nombre de cada asesinado. Me pregunto si el asesino tendrá alguna conexión con algún artesano o algo semejante, porque todas estas cosas de los taínos se ven comúnmente en artesanías... o en museos. Por otro lado, parece claro que el asesino quiere enviar un mensaje justiciero, pues debajo de la "muerte taína" escribe cosas que acusan de algo a cada asesinado. Lo raro es que eso que escribe no es información conocida sobre las víctimas; así que habría que averiguar cómo consigue toda esta información.

—Pues fíjate, las fiestas de pueblo de Caguas comienzan esta semana, puede que consigas alguna pista allí. Ya sabes que siempre van artesanos. Deberíamos dar una vuelta por ahí, a ver qué podemos averiguar... Mira, hay algo que no te he dicho: en el caso de San Juan, Pedro Carrión llevaba un *flash drive* con una información muy importante, ciertos detalles que no pueden salir a la luz pública, datos a los que solo el fiscal y yo tenemos acceso.

Te digo: esto podría causar un caos nacional. Estoy hablando de la clase artística, de gente muy famosa...

—¿De qué hablas, Raúl? Si no eres claro conmigo no te voy a poder ayudar a resolver este caso; yo necesito la información completa. Acuérdate de que yo tengo mis debilidades —contestó Miguel enfurecido.

—Miguel, ¿te acuerdas del concierto de un reguetonero que vendió de cantazo todas las funciones, y de los videos de YouTube de su contrincante, y de que se pasaban tirándose uno al otro? Pues todo eso fue pagado con dinero de droga, se trata de lavado de dinero. Todo queda ahí bien claro, en el *flash drive* del difunto. Nombres de *DJ* de estaciones de radio, contactos para boletería, los narcotraficantes que patrocinaron eventos, compañías de limosinas... y mucha farándula involucrada. Si esto sale a la luz pública, podría ser muy perjudicial para sus carreras. Y lo más importante: hay toda una economía subterránea que depende de esto. Pero no se queda ahí, también están los contratos, los permisos... o sea, hasta el Gobierno se verá embarrado en este bochinche. Este tipo de economía sigue ayudando al sistema de manera indirecta, por eso el Gobierno se hace de la vista larga. Esto no es una simple monja que se robó un dinero o un simple tirador de drogas muerto. Esto son conexiones mayores en una tela de araña de grandes magnitudes con el potencial de crear un caos mayor que el del famoso chat del gobernador.

Miguel respiró profundo y respondió ya bien despierto:

—Raúl, temo decirte que, si no atrapamos a esta persona, mucha más gente podría morir, este tipo está bien loco, o actuamos nosotros o actúa él.

CAPÍTULO 12: CEREMONIA

El asesino observaba en las noticias cómo minimizaban sus más grandes logros, mientras se preparaba para su ceremonia semanal. Las rutinas son importantes en general, pero está en específico lo llenaba de gozo, lo alimentaba, lo despejaba, le daba valor y sentido a todo lo que hacía.

Agarró su computadora fiel, superpotente y no rastreable y le escribió otro mensaje a Miguel: "Me imagino que ya te habrás dado cuenta de que no soy tu padre. No pierdas tu tiempo en intentar rastrear esta cuenta, pues mi computadora encripta todo y no va a haber manera de encontrar la fuente, pero si lo intentas, ten por seguro que perderás la única conexión que podrías hacer con los casos importantes de nuestra era. Ya en otro momento me comunicaré; de momento, disfruta la cacería. Pero más vale que no te equivoques, porque podrías terminar siendo el cazado".

Salió de la vieja casa y se dirigió al rancho, pasando por su pequeño huerto sembrado de raíces y frutas de la isla. Removió el candado estropeado por el tiempo. Se detuvo en la primera recámara, observó por un momento sus lienzos, su caballete, todas las pinturas a medio hacer. Cuando se hace una obra importante, pero no se logra reproducir su importancia en otras, se sufre indefinidamente, y en cada intento el desgaste mental por no poder llegar a la meta trazada limita los resultados, lastima el alma.

Caminó hasta el segundo cuarto del rancho. Encendió las velas y puso música en su sistema de sonido integrado. Se acercó a la mesa de preparación, donde comenzó con un pequeño *shot* de anís del mono y Felipe II, bebida que le enseñara a tomar un amigo de su abuelo llamado Ángel y que le asentaba el paladar al tiempo que comenzaba a despertar el resto de los sentidos. Preparó su moto a la antigua, con su yerba plantada, cultivada y preparada por él mismo; le dio unos halones, respiró profundo. Se adentró en los humos del infierno, y estos le penetraron los sentidos. Sus ojos achicados mostraban un poco de sentido de culpa con persecución progresiva, pero su exquisita relajación lo despegaba del planeta. Llegó hasta los cielos de sus antepasados para conectarse con las señales divinas e informarles sobre los últimos acontecimientos.

Cuando entró en un trance, comenzó la danza. El ritmo de tambores y maracas y el olor a incienso de Maga quemado copaban su entorno, lo acariciaban en noches como esa, lo preparaban para su comunicación divina. Luego de su baile armonioso, inédito, improvisado e intenso, se secó el sudor, se colgó un medallón en el cuello, pronunció unas palabras de invocación y procedió a agarrar la jeringuilla preparada que yacía sobre la mesa. Estaba listo, ya su empalme quedaría una vez más establecido y podría seguir sus guías. El puyazo lo llenó de un espíritu poderoso. Cerró los ojos por unos instantes y se relajó por completo. El viaje lo llevaba por la historia familiar, su hermana muerta a muy corta edad, su mamá muriendo a manos de su papá, su papá muriendo a manos de él, su tío en el hospital psiquiátrico de Ponce, su abuelo. La cara de su abuelo se trasformó en la figura que tanto esperaba, y ya su discípulo estaba listo.

Fuera del rancho, a menos de una milla, Mongüi, Omar, Toñito, Juan B y Félix observaban desde la casa del árbol el espectáculo matutino. Se turnaban para usar los binoculares de Félix y compartían unos *limbers* que había hecho doña Mary. A los once años casi todo es soñar, pero si uno se topa con algo real a lo que le pueda sacar cabuya a la menor provocación, aunque solo sean ruidos, olores misteriosos, luces y el humo a la distancia, el sueño se hace casi tangible. Para su grupo de cazadores de sueños lo que habían visto parecía más la guarida de la gárgola o del chupacabras, o incluso de la reencarnación del famoso Toño Bicicleta preparándose para vengarse de un pueblo que nunca pudo entender que todo lo que quería era cocinar dedos de niños blanquitos.

Su pacto de kétchup les prohibía mencionarlo a nadie, pero en la casa del árbol había toda una operación secreta. Jamás podrían imaginar que el lugar al que le llamaban su fuerte era también tierra de ancestros de la Isla.

CAPÍTULO 13: PITORRO

Miguel se encontraba sentado organizando su colección de pitorro, el de almendra, el de tamarindo, el de coco, el de acerola, todos cuidadosamente curados con las recetas de la familia. La tradición boricua era demasiado especial y se la disfrutaba a solas, sin interrupciones de nadie, siempre con la música del Trío Vegabajeño de fondo. "Hay ciertas vainas que tienen que ser muy auténticas para que mi mente pueda estar en paz", solía pensar.

Agarró el celular y entró a la aplicación de mensajes. Leyó el nuevo mensaje de su nuevo amigo misterioso. Sabía muy bien lo importante que era mantener esta correspondencia con él, no podía dejarlo ir, tenía que crear un anzuelo permanente viable, sostenible, para sacarle la información que necesitaba. Así que le contestó: "¿Amigo, por qué se esconde detrás de mi papá? ¿Acaso no es suficientemente valiente para dar la cara y revelar su nombre? Ya usted sabe el mío, lo que le da alguna ventaja sobre mí. Entiendo eso de que no voy a poder rastrearlo y, la verdad, no me preocupa. Al contrario, me encantan los juegos, y no pierdo ninguno. Así que abróchese los cinturones y amárrese bien los zapatos, que, si ya jugó sus dados, no puede molestarse cuando yo juegue los míos". Envió el mensaje y se quedó a la expectativa, pero no recibió ninguna respuesta en ese momento.

CAPÍTULO 14: FIESTAS DE PUEBLO

Miguel decidió darse una vuelta por las fiestas de pueblo de Caguas para tratar de obtener alguna información que lo acercara a resolver el caso. A él le encantaban las artesanías, era un gusto oculto que lo avergonzaba un poco y que comenzó desde que tuvo una clase con el profesor Chávez, maestro de muchas lecciones más allá del currículo. El profesor Chávez tenía una manera especial de enseñar acerca de la vida mientras ayudaba a imprimir unas simples letras sobre correas de cuero. "Amen la naturaleza, invítenla a ser parte de sus decisiones. Si pueden escoger entre comer a la orilla del lago o dentro de la pizzería en el pueblo, siempre escojan el lago. Mientras conectemos con la vida, la tendremos de nuestro lado. Ahora, *mijo*, ponle más presión a la letra con el mallete", explicaba un día cualquiera en su clase.

Miguel se acercó a la tiendita de la hija de Chávez. Él había fallecido hacía algunos años, víctima de un asalto a mano armada en el cual recibió un disparo justo en el corazón, lo que lo mató en el acto. Este caso había sido resuelto por Miguel y Raúl, que atraparon al asaltante mientras dormía en un banquito de la plaza pública con la única pertenencia que le había robado al artesano, un pequeño cuadro con la figura de la virgen de la Providencia.

Al llegar frente a Yelitza Chávez, Miguel se notaba un poco nervioso. Ella se levantó inmediatamente de su silla de resina blanca y le dio un fuerte abrazo.

—No esperaba verte por aquí, Migue. Pensaba que no te volvería a ver después que murió papá. Siempre quedé muy agradecida de que hayan resuelto su caso —comentó Yelitza visiblemente emocionada.

—No me he perdido una fiesta de pueblo desde que tenía diez años; no voy a empezar a perdérmelas ahora. Aquí he podido ver cómo un pueblo es capaz de conservar su orgullo y, gracias a los artesanos, su historia y su folclor. Además, qué mejor manera de honrar a tu padre que darme la vuelta por su vieja esquina —contestó Miguel mientras miraba a todos lados como buscando pistas.

—Él siempre esperaba que vinieras por aquí el primer día de las fiestas. Se pasaba hablando de ti con sus compañeros, con cierto orgullo, mientras filosofaba de la vida —dijo Yelitza mirándolo con ojos de niña que todavía suspiraba por él.

—Bueno, yo siempre intento venir el primer día; siento que, si las fiestas abren con el pie derecho, serán buenas todos los días —respondió Miguel guiñando un ojo y sonriendo—. ¿Oye, Yeli, sabes quién se dedica a asuntos taínos por aquí?

—Lo dices por el dibujo que ha aparecido en los asesinatos, me imagino… ¿Sabes? Javier, el que hace ditas, güiros y maracas a mano, siempre dibuja emblemas un poco diferentes a los que hacen los demás en sus obras. También mantenía discusiones bien interesantes con papi sobre esos asuntos. Recuerdo que hablaban de diferentes signos y símbolos, y discutían los significados del lenguaje de los indios. Todos los artesanos por ahí jurarán que son expertos, no pierdas el tiempo, que hay un grupo que solo le pone una pega a una tablita con un dibujito para poder llamarse artesanos y coger las deducciones de *taxes*. En otras palabras, ve directo al puesto de Javier, no te desvíes. Te debo advertir: es un poco excéntrico —respondió Yelitza poniéndole una mano a Miguel sobre el hombro.

—Gracias, Yeli, siempre ha sido tremendo gusto verte —subrayó Miguel con su mirada más penetrante.

—Ya lo sé. Si otra sombra nos cobijara… —contestó ella con el gesto espontáneo de acariciarse el pelo sonriendo—. Me saludas a tu pareja, ella siempre tan bella. ¡Ah, y no te olvides de la gente del campo, que es más genuina! ¡Ni de que las chicas, cuando nos quitamos los tacos, somos todas iguales! —añadió coqueta, mientras le guiñaba un ojo.

—Yeli, yo siempre te he visto como… Digamos que hay asignaturas pendientes que no necesariamente se tienen que completar. Te cuidas, ¿eh? Hablamos luego.

Miguel se despidió con un abrazo muy fuerte, de esos en los que pedazos del alma se intercambian con el contacto de los cuerpos. Enseguida se adentró en el área de los artesanos. Saludó a uno que otro que ya conocía y suspiró nostálgico al ver a lo lejos los restos de la barra de pueblo, el cafetín Carmelos, al cual solía meterse para darse palos de a peso con sus amigos cuando salía de la escuela, con todo y uniforme puesto.

Se acercó al negocio favorito de las fiestas, el de doña Diana; ahí ordenó un pincho con pique, pancito y un Coco Rico. Luego caminó hacia la parte más lejana del estacionamiento municipal donde se celebraban las fiestas. En aquella esquina precisamente, cuando apenas tenía trece años, un jovencito le había robado una cadena de oro que le regaló su madrina, un día en que él se dirigía al terminal de carros públicos. Jamás olvidaría ese día. Miguel enfrentó al asaltante como pudo, de hecho, logró espetarle su bolígrafo en el brazo izquierdo, en el área del bíceps, y el golpe le sacó sangre, que salpicó por doquier. No obstante, no pudo contener al atlético joven y terminó perdiendo su cadena. Aquel muchacho tenía uno de los dientes delanteros partido de forma sesgada, muy llamativo. Con el tiempo, este detalle era lo único que recordaba de la cara del atacante; ese diente se le había quedado grabado en la memoria. En aquel entonces Miguel le había contado el suceso a Raúl, le había hecho hasta un boceto del atacante y ambos estuvieron varios días buscando al jovencito, pero nunca dieron con él.

Miguel se enfocó en el kiosco decorado con ditas y maracas de distintos tamaños. La música de Tego Calderón se escuchaba de fondo y un tufito a mafú se sentía en el ambiente. El puesto lucía descuidado, sucio, con alguna basura acumulada. Adentro se encontraba un señor cincuentón que vestía una camisa blanca estilo guayabera y una boina negra con una pluma empotrada en la parte trasera. Estaba un poco sobre peso, era de baja estatura, pero andaba muy bien perfumado. Se llamaba Javier. Al ver a Miguel acercarse, lo saludó con la cabeza y expresó:

—¿Qué pasa, hermano? ¿Cómo anda el paisa?

—¿Paisa? ¿Una voz colombiana es el experto en asuntos taínos? Aquí como que hay algo raro —dijo Miguel tratando de sonreír, un poco confundido.

—No me diga usted que se sorprende mucho. Para dominar en este mundo bacano uno tiene que ingeniárselas, pero le juro que, si se trata de maracas, yo soy el inmamable —respondió Javier.

—No estoy interesado en maracas hoy. Hay unos asuntos relacionados con los taínos que me interesan, y me dicen que eres el mejor en el tema. Para mí, el país de tu procedencia no importa ahora mismo; Tony Croatto fue más boricua que muchos nacidos en Lares, ciudad del Grito…

Javier sonrió y replicó de inmediato:

—Mire, si quiere saber de taínos, usted ha llegado al paraíso. Le explico: mi madre era antropóloga, colombiana, y mi padre era paleontólogo, boricua. Lo que pasa es que el parce se fue a vivir a Colombia para unos hacer allá unos estudios y conoció a mi madre el muy chandoso. En esas, se juntaron y nací yo. Entonces, como podrá imaginar, yo crecí escuchando sus historias como en boleta.

El artesano se puso a organizar los productos que vendía, poniendo los más viejos en la parte del frente de la mesa, y esperando la reacción del posible cliente.

—Pues, fíjate, yo soy detective y estoy estudiando un caso en el cual parece importante un dibujo taíno que, hasta donde sé, significa 'muerte'. Mira, estas son algunas fotos de los dibujos. Entonces, me pregunto: ¿por qué este emblema taíno? ¿Existe alguna organización de personas con ancestros indígenas que utilice este emblema como distintivo? —Miguel sacó su celular y comenzó a mostrarle las fotos a Javier.

—Cada nada significa esto muerte en ese dibujo, pero muy específicamente alude al espíritu del Opia. Mi padre contaba que, según los taínos, este tipo dormía de día y salía por la noche a comer guayabas. Entonces dejaba a su paso un jugo negro. Algunos indios que creían haberlo visto lo pintaban así, usando el jugo como pintura. Le dejaban ofrendas para que su sed fuera saciada y que la muerte no siguiera con su guachafita —señaló Javier sin dejar de ordenar sus maracas.

—¿Entonces, el asesino de estos casos recientes lo que hace es ofrecerle sus víctimas al Opia? ¿Sus ataques no deberían ser siempre durante la noche? —preguntó Miguel muy interesado.

—Bueno, la verdad es que el Opia se llevaba la vida, así que podríamos pensar que el matón le entrega los muertos al Opia como ofrenda. Mire, una curiosidad de este personaje es que, según la creencia de los taínos, tomaba diferentes formas; podía ser una ardilla, una boa o, como la gran mayoría de las veces, un murciélago. Lo único que lo identificaba era que no tenía ombligo. ¡Ah!, y otra cosa interesante: el Opia no solo rondaba en Puerto Rico, sino también en todo el Caribe —apuntó Javier con cierto aire de misterio.

—Muchas gracias por la información. ¿Me podría dar su número de teléfono, por si tengo alguna otra pregunta?

—Claro, paisa, aquí tiene mi tarjeta, pero me compra unas maracas, ¿verdad? ¿Qué tal estas que confeccioné recientemente? —y sin esperar contestación, añadió—, son $25.50 con el IVU.

Miguel sacó de su cartera un billete de 20 y otro de 10 dólares y se los entregó.

—Quédese con el cambio, amigo, nos mantenemos en contacto —se despidió Miguel con sus nuevas maracas destinadas a coger polvo en alguna esquina de la casa, porque de música él sabía tanto como sabe un gringo de geografía.

Pesadillas

Sofía volvió a despertar en el medio de la noche. Miró la hora, eran la 11:45 p. m. ¿Por qué habrá soñado con esa pelea, si a ella no le gusta el boxeo? ¿Será que la estrella pugilística de la Isla moriría en el combate? ¿Debería contarle a Güelo sobre estos sueños?

—No sé si Miguel entendería esta loquera, si ni yo misma la entiendo —se dijo, y se volvió a acostar.

CAPÍTULO 15: CONTRINCANTE

El asesino se encontraba investigando en su computadora superdotada acerca de la vida de su nuevo amigo, el detective Miguel Hernández. En cuestión de minutos ya sabía dónde vivía, todo sobre su carro *Miata* con tablilla de auto antiguo y hasta su historial de crédito. Pudo acceder a información de sus cuentas de banco y de retiro, de sus trabajos y hasta de las multas que le dieron por parquearse una vez obstruyendo el tráfico. En su exploración, se enteró del accidente de tránsito que tuvo con su familia frente a la tienda Jardín El Patio, en el cual un conductor ebrio los envió al hospital, pero salió absuelto de todo de manera misteriosa. Se enteró de todos los reconocimientos que le hicieron en la fuerza policiaca. También encontró que este detective había resuelto muchos de los casos más importantes de la historia policial de Puerto Rico y que aquel caso sin resolver que le creó una profunda disonancia cognitiva lo llevó a retirarse de manera súbita: el famoso caso del niño asesinado en su cama, a batazos, en presencia de sus hermanas, su madre y amistades de esta.

Un detalle le llamó la atención. Miguel y él estudiaron en escuelas cercanas, para la misma época, aunque Miguel era unos años mayor que él.

El asesino se dirigió a la marquesina, se montó en su carro y salió hacia la casa del detective. Esquivando hoyos en la carretera, se encaminó a una parte indispensable de su misión: tenía que estudiar y observar a su contrincante.

Al llegar al chalet del detective, estacionó su carro a cierta distancia y sacó de su interior un equipo de agrimensura, una estacional total, además de sus primas, su colector de data y su fiel *drone* de medidas. Se puso un chaleco reflector, una gorra anaranjada y unas gafas oscuras. Empezó a medir el área como si fuera otro trabajo más. Sacó su aparato volador a control remoto y comenzó a medir la finca contigua al chalet. Entonces se percató de que un *Jeep* negro se acercaba a la casa de su sujeto investigado.

—¡Hum! ¡Qué interesante! —pensó mientras se acomodaba las gafas.

De aquel vehículo salió Sofía con su ropa normal y su bata blanca encima, según había estado todo el día. Cuando se estudia medicina se lleva puesta la bata para todos lados; se desayuna, merienda, almuerza, se usa el baño, se cena y, si es necesario, hasta se hace el amor en ella. El ruido normal de la autopista cercana no le permitió distinguir el del *drone*. La imagen que este captó dejó boquiabierto al asesino.

—¿Cómo este tipo se consigue algo así? La verdad es que el mundo es bien injusto —pensaba, incrédulo ante la belleza de Sofía.

El aparato volador logró tomar fotos de la tablilla del *Jeep*. El asesino se interesó aún más en la escena al ver a Sofía besar a Miguel justo cuando este le abrió la puerta de su casa. Ya tenía todo lo que le hacía falta y hasta más de lo que esperaba conseguir en ese momento, pero no estaba de más quedarse un rato a husmear en la vida privada del famoso detective.

CAPÍTULO 16: EL SOFÁ

La tarde calurosa y húmeda de la Isla trajo consigo un olor peculiar a algarroba en la calle Robles. Aquel algarrobo, plantado ahí desde antes de los años noventa, albergaba memorias de padres e hijos que hurgaban en él buscando sacar un gallito campeón que les diera gloria, en su momento, en las aulas de la escuela o en el vecindario. Pero ya ese árbol olvidado no tenía más uso que evitar la erosión de aquella área de la montaña del sector La Guasábara de Río Cañas. Sofocada por su olor punzante, Sofía lo miró y se dijo:

—El día que nos casemos, lo primero que se va es el palo ese.

Luego se enfocó en Miguel, que salía a recibirla como de costumbre. Él le dio un beso mientras le agarraba la cadera, y ella, con ese gesto, quedó en paz, como si cien ángeles la abrazaran con bata de seda. La mirada de Miguel siempre le llegaba al alma, su perfume siempre perfecto la transportaba a lo más íntimo de su mente. Ella vivía enamorada de su detective, aquel hombre interesante, tan ajeno a la sociedad en la que ella se crio. El que no se ponía gabán para ir la iglesia, no tenía un carro deportivo último modelo y vivía feliz sin apellido de alcurnia. El hecho de que sus padres todavía le pelearan por andar con él le ponía aún más pique a su relación. A ella le fascinaba el pique.

Además, para Sofía, el amor genuino valía más que ser aceptada por su familia. Ellos se habían criado de una manera principesca, pero eso a ella no le había servido. Peor aún, su exesposo, aquel hombre de clase a quien sus padres sí aceptaban y promovían, su amor de escuela secundaria terminó acostándose con su mejor amigo y a la larga la dejó por él, no sin antes haberle dado una pela y haberla dejado por muerta en su casa de urbanización de riquitos. Por otro lado, su amor genuino la hacía respirar armonía cada día, le hacía ver la vida real, sin falsedades ni guantes de seda… aunque esta tela siguiera siendo parte significativa de su ajuar. Le fascinaba recordar que su enamorado fue en *jeanss* y tenis a la iglesia el día que iba a conocer su familia, y que llegó muy tranquilo y seguro de sí en su viejo *Miata*, mientras todos los demás llevaban etiqueta y manejaban lujosos *BMW*. El mero hecho de que a Miguel las miradas de los millonarios no le afectaran la reafirmaba en su decisión.

—Amor, hoy sí que me hizo falta verte. Ya estoy harta de estudiar tanto, sin poder relajarme. Y encima, ahora te pasas obsesionado con el caso de los petroglifos esos y no tienes tiempo para mí —le reprochó Sofía con calculada mirada de niña rica que no sabe de mundo.

Bajo la bata llevaba puesta una camisa blanca de botones marrones que dejaba muy poco a la imaginación mostrando parte de sus pechos perfectos, hechos a la medida por el mejor cirujano de San Juan. Sus *jeans* ajustados y sus tacos rojos la hacían parecer sacada de la portada de una revista.

Entraron por fin a la casa, y Miguel se quedó mirando hacia afuera por la ventana. Por un momento quedó perdido en vaivén de las hojas del algarrobo. Luego se sentó en su sofá, veterano y testigo de sus entregas. Sofía se le acercó por la espalda y susurró:

—Necesito de ti.

Puso en la mesita *ottoman* una botella de vino Merlot ya abierta y sirvió dos copas. Miguel le regaló a Sofía aquella sonrisa que solo ella entendía y, sin pensarlo dos veces, prendió su sistema de sonido con la canción *"Could you be loved"* de Bob Marley. Se levantó del sofá admirando con evidente deseo la figura esbelta de Sofía, enfocándose en su tatuaje de olas en la pierna izquierda. Comenzó a bailar con el poco ritmo que sus dos pies izquierdos le permitían, mientras se quitaba su camisa dejando ver su cuerpo trabajado y cuidado, lo que provocó en Sofía aquella sonrisa de niña bien que está a punto de que se le conceda su capricho.

Entonces Miguel la acercó a su cuerpo fuertemente y la arropó con sus brazos. Así la besó una y otra vez hasta llegar a la mesa de la cocina. Comenzó a rozar su anatomía en crecimiento contra el cuerpo de ella, mientras ella acariciaba sus glúteos. De repente, él la agarró a doble mano por sus caderas y la sentó sobre la mesa. Sus tacos volaron de sus pies parecidos a la porcelana, sin esfuerzo alguno. Sofía empezó a bajarle el pantalón a Miguel con sus piernas mientras lo besaba cada vez más intensamente y le mordía los labios con una mezcla de pasión y ternura. Miguel bajó a besar su cuello, mordiéndole suavemente el área del esternocleidomastoideo, el músculo más sexi y de nombre más largo. Entonces se multiplicaron los besos y mordiscos como si no hubiese mañana. Para el amor genuino los mañanas no existen, solo los ahora.

El detective le acarició el cabello a la futura doctora, y ella apretó contra él su cuerpo listo para ser devorado hasta su "cielo de humedad", como solían llamarlo en sus juegos. Miguel conocía muy bien los puntos que hacían que Sofía se encarnara en otra persona, donde se abolían todas las inhibiciones. Las pocas piezas de ropa que les quedaban puestas fueron resbalando al fin por sus cuerpos, exhibiendo la perfección simple de la naturaleza. Miguel bajó su boca hasta llegar al abdomen cultivado de Sofía y continuó besando cada centímetro de piel camino a su parte favorita.

Luego del formidable placer de ser devorada, Sofía agarró a Miguel y lo subió a la altura de su cara. Se le acercó con fuerza por la cintura y con sus manos sobre las caderas que conocía como la palma de su mano, tomó un pequeño impulso hacia arriba, el necesario para caer en posición. Ya montada y sin poder caerse, él la fue llevando por el aire hacia el sofá, que los esperaba, para que consumaran sus deseos. Las olas del tatuaje en su pierna nunca se habían visto más reales, en su vaivén al ritmo de la penetración.

El sofá, cansado de tantas noches de deportes frente al televisor, recibió con placer a aquellos dos cuerpos enamorados, repletos de intenciones depravadas pero armoniosas. Ya encajaban perfectamente y la humedad se apoderaba de sus almas. Sofía se levantó del sofá dejando a Miguel absolutamente listo para su momento. Enseguida se sentó en su cintura y comenzó a cabalgarlo de una manera lenta y precisa mientras su cuerpo se arqueaba de gusto al ser penetrada. El ejercicio agarraba intensidad mientras los gemidos de cada uno animaban la ferocidad del otro. Cuando Miguel la agarró por el cuello, despertó en Sofía su lado animal. Ya no eran solo dos enamorados, su pasión había tomado las riendas y ahora buscaban una satisfacción mutua en otro plano. Miguel la penetraba, la tocaba y acariciaba resistiendo su clímax, que ya casi llegaba, con mucha prudencia y habilidad hasta que Sofía llegara al mismo sitio. Finalmente, sus sentidos se perdieron en sus almas y quedaron muy relajados luego de su intercambio natural.

Luego de permanecer abrazados un rato, Miguel miró fijamente a Sofía, que seguía con cara de exhausta, y le comentó:

—Sofía, eres la pieza que le hace falta a mi vida. No tienes idea de lo que significa que andes con alguien como yo, tan dañado.

—Miguel, por más de mil razones, tú le das sentido a todo en la mía. Nunca dejaré de repetirte que tú no estás dañado, por el contrario, eres el que me arregla a mí todos los días. Quiero que sepas que, aunque no te necesito para nada, te quiero para todo en mi vida. Te amo hasta que me lo permitas —respondió Sofía con su cara hermosa y enamorada.

—Por todo el tiempo que me lo permitas —replicó Miguel, repitiendo como en sus sueños sus palabras—. Amor, te quiero hablar un poco del caso que estoy trabajando. Este asesino es muy escurridizo e inteligente, Sofía, además de ser muy sanguinario. Es algo a lo que nunca me había expuesto —añadió Miguel mientras la miraba con la ternura de un jovencito que se derrite por la chica que pensó nunca poder conquistar—. Este tipo es muy peligroso y astuto, y tiene una agenda con significado. Me asusta pensar hasta qué punto pueda llegar y el furor que pueda crear en la opinión general de la gente —concluyó, ya sin disimular su gran preocupación.

—Miguel, no creo que el asesino se pueda esconder toda la vida; hasta la cigarra sale una vez al año —dijo Sofía poniéndole la mano en el hombro, tratando de calmarlo—. Amor, mira, hablando de todo… los sueños que te he contado que tenía desde niña han regresado. He soñado que… ¡Nah! Mejor no te molesto con eso ahora. Dame un beso, hablamos por la tarde —se cortó Sofía, percatándose de la hora y de la situación en la que se habría adentrado al abrir el tema de sus sueños.

Sofía se despidió de su enamorado. El *drone* regresó a su dueño; no había más que investigar ese día.

CAPÍTULO 17: RECINTO

Sofía salió camino a la biblioteca del Centro Médico para encontrarse con su grupo de estudio. Siempre se encontraban frente a la misma área, aunque nunca entraban. Llevaban consigo los repasos caros de renombre y, por si acaso, también tenían un plan de acción, porque esa vez sí estaban obligados a pasar la reválida. Con todo, aquellos encuentros para estudiar eran como si hubiesen vuelto a los tiempos de su *high school* y se reunieran para pasar el rato en la escalera de la escuela, con la diferencia de que sus escuelas eran colegios de niñas y colegios niños exclusivamente y para entonces el concepto de estudiar con seres del otro género era una experiencia extraordinaria, misteriosa e inquietante. Bastante difícil se les hizo estudiar para los primeros *steps*. Después de todo, aunque los resultados no fueron los esperados, siempre lograban hacerse reír entre ellos. En el fondo tenían la certeza de que saldrían bien al final de cada embudo, pues es lo que habían experimentado toda la vida. Hasta cheques del Departamento del Trabajo habían recibido alguna vez, sin haber dado un tajo jamás. El mundo del conectado socialmente tiene la llave para muchas puertas que otros ni siquiera saben que existen. A fin de cuentas, estudiar mucho no era tan importante como haber asistido a sus colegios privados de un solo sexo, mantener a la vista su sortija y mercadear bien la formación de la mujer y el hombre que transformarían al mundo.

—¡Holaaa, Sofiiii! Pero ¡qué elegante! Como siempre. Si te ven mis hermanas, se mueren de la envidia —comentó Axel al verla llegar—. Aquí está tu *non-fat frappuccino* de siempre, ya los otros dos tienen los suyos.

—Gracias. ¿Estamos listos? Vamos a repasar de nefrología, que fue en lo que Joan salió mal la última vez. Aquí nos ayudamos todos, a ver si pasamos esto —dijo Sofía, a la vez que sacaba su repaso del bulto marca Gucci.

Joan y Carlos, quienes siempre andaban peleando, discutían acerca de la disponibilidad de Joan para la próxima noche de estudios, ya que en esa fecha él tenía compromiso para tocar con una conocida banda local de *ska*. Carlos, por su parte, simplemente hacía dibujos, más que todo sobre su enamorada de ojos azules llamada Aiko.

Todos se encontraban en la etapa más importante de la carrera universitaria, en la punta del embudo, listos para salir del plástico para entrar a la vida real; un examen y varias guardias en hospital los separaban de su meta. No obstante, Carlos sacó las briscas y anunció:

—OK, Sofi, tú y Jaime versus Joan y yo...

—Ya viene este con las briscas. Yo pensé que íbamos a tratar de contestar preguntas de exámenes viejos —comentó Joan con su cara de amargado de siempre, mientras se quitaba los audífonos. Había estado escuchando música de Chopin.

El grupo continuaría la noche en su burbuja de millones, discutiendo si estudiar o jugar briscas, sin darse cuenta de que dos mesas más abajo el que estudiaba no era estudiante, pero mucho había aprendido esa noche.

CAPÍTULO 18: VIVE Y NOS PROTEGE

Miguel abrió su programa de mensajes y escribió: "¿Por qué estás haciendo esto? ¿Cuál es tu motivo? Yo he estudiado muchos casos como estos en todo el mundo, incluso he dado conferencias acerca de este tema en múltiples ocasiones, y sé que siempre hay una motivación particular. ¿Cuál es la tuya?

Para su sorpresa, esta vez recibió respuesta casi instantáneamente: "Admirado detective Hernández, no se preocupe tanto por mis motivos, ellos están bien claros y explicados. Preocúpese por que el mensaje llegue. No voy a parar, mi meta está establecida, pero debo admitir que es bonito su interés por este asunto. Lo único que le puedo decir es que vive y nos protege, y que la historia se sabrá completa".

Miguel, leyó la respuesta y, sin caer en la provocación del otro, respondió: "Yo solo quiero que no haya más muertes, que podamos resolver su situación sin llegar a más. Hay otras maneras de llevar mensajes". Se quedó esperando alguna reacción por casi una hora, pero no recibió mensaje de vuelta.

Cacerola

En la calle de La Resistencia apareció un grupo de universitarios con pancartas de protesta. Había uno que mostraba el símbolo taíno de la muerte; otros tenían mensajes como "que ponga los nombres de todos los HP del Gobierno" y cosas parecidas.

La cacerola comenzaba a sonar. Para los coquíes, era todavía muy temprano para empezar la función.

CAPÍTULO 19: LA PELEA

José regresaba del supermercado en su guagua Mercedes del año. Iba con la compra hecha para la fiesta que habría en su casa esa noche para ver la pelea: bandejas de quesos ibérico y manchego y chorizo de Cantimpalos, cervezas artesanales y *whiskey* de etiqueta azul. "La pelea del siglo" la llamaban y, aunque a él no le gusta el boxeo, la ocasión se prestaba para invitar a sus vecinos en Santa Bárbara, que eran los dueños de los derechos de *Juventud Mira*, programa de TV que había impulsado a tantos cantantes y otras celebridades al estrellato.

—La idea es que conozcan su nombre —le dijo el coach de talentos refiriéndose a su hija.

Mientras manejaba en aquel tráfico un poco pesado, nada extraordinario, de la carretera conocida simplemente como "la treinta" o como "expreso de la muerte", decidió aprovechar el momento para llamar a su esposa.

—Oye, nena, esta noche también va para casa el dueño del certamen de belleza en el que apuntamos a la nena, que con un dinerito y unos traguitos pagados en el almuerzo me dio unos *tips*, tú sabes, cositas que debemos ir consiguiendo para Xaribel. Me dijo que mientras mejores sean los patrocinadores más será la exposición. O sea, que las candidatas que vemos en la televisión durante la promoción usualmente son las preferidas; no nos enseñan a todas las candidatas en los anuncios el certamen, sino solo a las que quieren que veamos. Así, te van dirigiendo a quienes ellos quieren que tengan oportunidad de ganar. Y mientras más dinerito y más exposición, más aceptación del público —le contó José a su esposa con brillo y esperanza en los ojos.

—*Wow*, Chepo, la verdad es que te las sabes todas. Pero no repitas esto a nadie, por si acaso; mira que su mejor amiga quiere competir por Yabucoa, y ella es hija del presidente del senado. Sería fatal que le ganara la pendeja esa —respondió ella.

—¿Tas loca? El jurado del certamen no está regido por ninguna ley; ellos también están dirigidos por el dueño del certamen. Así que Xari tiene las de ganar. No importa que venga Miss Rizos de Oro de Vega Baja, como quiera la nena tiene *break* de ganar la corona. Solo hay que sacar el dinerito para los trajes, asegurar la exclusividad con los diseñadores, y ya verás cómo llega lejos. Pero, oye, seguimos hablando en casa, que tengo que hacer una última parada en el peaje para hablar con el muchacho de turno y bajar los datos de las transacciones de la semana para mi informe anual —concluyó José.

Inició su *playlist* ochentoso favorito en el MP3 y se dirigió a la estación de peajes que quedaba justo en las afueras del lujoso resort de Palmas del Mar. Se metió directamente hacia al punto de recarga. Ya el sistema había cambiado mucho desde que él había empezado en los peajes. De hecho, José era de los pocos empleados que llevaban más de veinte años trabajando para el sistema. Había visto muchas administraciones públicas y de compañías privadas repartirse el bizcocho, pero como él era manejador de área, conocía todas las unidades, lo que lo hacía indispensable. En las transiciones siempre se referían a él como "demasiado importante". Hay ciertos puestos en el Gobierno que no se tocan, independientemente de qué partido esté al mando; lo importante es saber jugar para ambos bandos.

La carretera número PR-30, que va de Caguas a Humacao, y que está siempre en construcción, había sido testigo de muchos accidentes, tiroteos de carro a carro, perros muertos en el paseo y campeonatos de los mulos. También había sido testigo de la movida de dinero de los robos más grandes de la historia del país, de los cuales nadie se había enterado.

Al llegar al peaje, José atravesó el carril de recarga y saludó amablemente al trabajador de turno en la caseta. No lo conocía, pero le leyó el carnet y le dijo:

—¿Néstor? Saludos.

Luego de estacionarse se bajó de su carro con la *laptop* y se dirigió a la oficina de la administración. "¡Qué raro, a este no lo conozco!", iba pensando mientras se detenía un momento para respirar profundo. A pesar de que llevaba haciendo estas transacciones por muchos años, siempre le daba un leve escalofrío antes de comenzar.

Conectó su *laptop* al terminal de la computadora central y accedió al registro de las transacciones del día. Ya los días de la bandeja falsa en el fondo de las canastas del peaje eran cosa del pasado. ¡Qué mucho dinero había hecho en esa época junto con sus compinches! Pero los tiempos habían cambiado y, por lo tanto, las técnicas habían tenido que evolucionar. Ahora tenía un programa *ghost* que se apoderaba del programa del peaje y, como por arte de magia, el número de transacciones registradas podía cambiar de cuatro mil quinientos a mil cuatrocientos. Así, el dinero correspondiente a la diferencia era depositado, reorganizado y relocalizado.

José desconectó su computadora después de hacer las gestiones pertinentes y, de momento, vio cómo Néstor entraba al área de la administración donde él se encontraba. Lo saludó de nuevo disimulando el asombro, pero visiblemente molesto le dijo:

—Me imagino que en tu entrenamiento olvidaron decirte que una vez yo haya entrado aquí no debe haber nadie cerca mirando las transacciones que hago. Yo manejo códigos confidenciales que no deben revelarse jamás, y mucho menos a los simples empleados.

Néstor lo observó con detenimiento mientras asentía la cabeza. Entonces, sin decir palabra, sacó su navaja favorita. José se quedó paralizado, sin poder reaccionar al filo brillante que se enterró en su cuello. Aquel cuello jamás volvería a usar ningún tipo de cadena. La escena se llenó de sangre inmediatamente.

El supuesto empleado del peaje se quitó su carné y, con un pote de pintura en *spray*, comenzó a dibujar el emblema. Luego añadió "José Cárdenas: robo al gobierno" debajo del dibujo. Se dirigió al carro de José, agarró las cervezas artesanales, el chorizo, el queso, y desapareció en la noche, camino a ver la pelea de boxeo televisada. Antes del tiempo de esparcimiento había que ofrecer el sacrificio a los dioses.

—Tengo tiempo —murmuraba satisfecho—. La pelea importante no sube hasta media noche.

Un coquí cantaba solo en lo más fuerte que podía cerca de la escena. Hay veces que, si no está el colectivo, hay que hacer las cosas solo, y lo más fuerte que se pueda. Dieron las 11:25 p. m.

CAPÍTULO 20: EXAMEN

Sofía se vistió tan pronto se levantó, lista para comerse el mundo. Todavía pensaba en el sueño de la pelea de boxeo de la noche anterior. Trató de ignorar el asunto y les envió un mensaje de texto a sus compañeros de estudios: "Éxito hoy. Los quiero, locos". Luego vio el mensaje que le daría la inspiración del día, el de Miguel: "Eres mi persona favorita".

El traje negro, los tacones altos y el maquillaje perfecto acentuaban su belleza exquisita. Su autoestima estaba por las nubes. Se encaminó a tomar su examen en el centro computarizado Borinquén, ilusionada y lista para probarle a su familia de qué ella estaba hecha. Pensaba en cómo estos exámenes no deberían decidir quién practica y quién no; en que se podía tener el conocimiento necesario y, por distintas razones, no aprobar el examen; y en que los exámenes estandarizados eran otro truco para hacer dinero.

Al llegar al centro y registrarse, se preparó como para lo más estresante de su carrera hasta ese momento. Muchos estudiantes algo más jóvenes que ella se sentaron en sus respectivos asientos para atacar el examen. Ya ubicada donde le correspondía, miró a su alrededor y aquellas caritas que le recordaban un tiempo de mayor energía y juventud. Sacó una barra de chocolate oscuro y la saboreó lentamente, sintiéndose lista para empezar. Antes, le envió un mensaje a Miguel: "Te veré a las 7:00. ¿Me recoges? Mira que esta noche me va a hacer falta despejarme…".

En ese momento, la encargada de administrar y velar el examen un tipo desganado, irritado y mal pagado, anunció:

—Guarden sus celulares y pónganlos en modo silencioso; el examen comienza ahora.

CAPÍTULO 21: ENCOMIENDA

Debajo del anuncio de la compañía de telefonía móvil apareció el titular: "El justiciero boricua ataca de nuevo". Así lo presentaba la primera plana del periódico local de mayor circulación, el mismo periódico que había patrocinado diferentes candidatos, en distintos momentos de la historia, para arruinar con ello las carreras de sus contrincantes, de manera sutil pero arrolladora.

Miguel esperaba atento esa primera plana; quería saber el efecto que se estaba cuajando en la opinión pública con respecto a los asesinatos. Estaba seguro de que la cobertura que les diera la prensa podría validar los asesinatos y esto le echaría leña al fuego. Adentro del periódico, el caricaturista del diario había contribuido con el dibujo taíno acompañado del nombre "Gobierno".

Miguel retrató el titular de la primera plana con su celular y envió la foto con un mensaje: "¿Esto es lo que estás buscando? ¿Acaso este pueblo no ha sufrido lo suficiente? Sabes que esta fama solo durará un instante y luego te vas a quedar con el mismo vacío que tenías. El chupacabras, Memín, el come-pantis de Gurabo, el vampiro de Moca, Toño Bicicleta, todos se convirtieron en cuentos pasajeros. Mientras que las personas asesinadas dejan familias que son inocentes y que no deberían sufrir por sus faltas. El niño que perdió a su papá porque tú pensaste que matarlo sería hacer justicia crecerá creyendo que la vida es injusta por arrebatarle así a su padre. La esposa que ajena a lo que hacía su marido preparaba una fiesta ahora se encuentra viuda, en medio de una tragedia social que tiene sentido solo para ti. Hay métodos para enjuiciar a estos delincuentes sin llevarlos a la muerte. Tú lo sabes; aquí en esta isla la política es todo. Entrégate, y yo me aseguraré de que tu mensaje sea escuchado, pero en una plataforma diferente".

Al cabo de treinta segundos recibió respuesta: "Querido detective, el monopolio político es apenas uno de los muchos problemas de este país. Aquí el dinero y las mil maneras de usarlo para injuriar al pueblo hacen que la política no sé más que su vehículo. El problema más grande viene del origen mismo del puertorriqueño; desde sus inicios, debió haber leído más de historia o prestarle mayor atención a la clase. Yo estoy aquí con la encomienda de volver todo perfecto, de acuerdo con el plan maestro. Yo tengo mi propósito. El niño inocente, que aprenda de lo que le pasó a su padre para que no caiga en los mismos errores. Las esposas que preparan las fiestas con doble intención son parte del problema".

Entonces Miguel respondió: "Me parece muy interesante que pienses así; yo mismo me levanto cada día intentando cambiar el mundo. Y, sin embargo, me da mucha lástima constatar que no hay nada que pueda hacer para transformar el modo de pensar y de actuar de la gente; tú tampoco vas a conseguir nada. Lo único que lograrás es terminar muerto o creando una catástrofe todavía peor en nuestra sociedad".

"Querido Miguel, la arboleda está ensangrentada", fue lo último que le escribió el asesino en ese intercambio de mensajes.

CAPÍTULO 22: RECUERDOS

Miguel llegó a la casa de Sofía a las 6:45 p. m., como de costumbre. Aquella velada tenía que ser especial, pues imaginaba el nivel de ansiedad en el que ella estaría. Encontrarse de pie frente a la puerta de la casa de Sofía le traía a la memoria la noche en la que conoció a sus padres. En esa misma puerta lo habían mirado de arriba abajo, y el papá de ella, sin mediar más palabra, le dijo:

—Mire, Miguel, nuestra hija pertenece a una clase a la que usted ni siquiera puede aspirar; se la haría más fácil desistir de salir con ella.

Nunca olvidaría su respuesta a aquel recibimiento:

—Señor, verá, el mero hecho de que usted me tenga que decir eso, hace que usted no pueda aspirar a la mía.

La joven Sofía había escuchado aquellas palabras y desde entonces habría quedado enamorada de Miguel irremediablemente. Su padre, por otra parte, no volvería a dirigirle la palabra jamás.

Cuando Sofía salió al fin por aquella puerta memorable, Miguel la esperaba recostado de la pared aledaña. Su simpleza exquisita le provocaba una paz deliciosa, además, hacía que lo encontrara sumamente *sexy*. Ellos se entendían de una manera inexplicable para los demás. La diferencia en edad entre los dos era tema de conversación en algunas mesas sociales, pero ellos sabían que lo importante era encontrarse en el mismo nivel intelectual y con la misma madurez emocional.

Se dirigieron al otro auto de Sofía, un *BMW* de la serie 5, regalito de su papá, por supuesto, pero que Miguel conducía siempre que andaban juntos en él. "Si papi viera a Migue manejando este auto me sacaría del testamento... qué pena que no está aquí", pensaba Sofía mirando a su amado con sonrisa de chica traviesa.

Fueron a cenar al lugar favorito de Sofía, un restaurante pequeño en el área de Los Paseos de Guaynabo. El *Cabernet* y la música de guitarra clásica los esperaban, para luego irse a la casa a intercambiar pasiones el resto de la noche. El sofá del chalet aguardaba por ellos como niño que espera el paso del carrito de mantecados frente a su casa.

Medidas

Su labor de las últimas semanas había sido muy gratificante: hacer las medidas para aquella importante estructura, icono de la cultura de la Isla, el Castillo San Felipe del Morro. Las obras de restauración estaban regidas por un protocolo muy estricto y su trabajo era parte indispensable para el éxito. Ganar la subasta para este trabajo fue un logro muy significativo para la consecución de sus planes.

La gobernadora había designado unos fondos para la restauración del fuerte exclusivamente, ya que en unos meses se esperaba la visita del recién electo presidente de Estados Unidos. La iluminación no era buena, debido a que muchos de los faroles eran parte de lo que había que restaurar. Sus murallas lucían maltratadas por los casi quinientos años de existencia. Había sido bombardeado casi desde sus inicios por franceses, ingleses y, luego, por los mismos norteamericanos. Estos últimos no tuvieron piedad, aun sabiendo que tenían una victoria segura en la mañana de un 25 de julio. Con el tiempo, aquella fortaleza antigua se había convertido en lugar predilecto para producciones millonarias, películas de piratas, novelas y, más que nada, para promoción de la Isla.

El famoso fuerte guardaba también historias de abusos, esclavitud, fantasmas, maltratos y opresión, aunque entre todas sobresalía, solitaria, alguna historia de amor. Existía una muralla que iba desde el Morro hasta un fuerte aledaño llamado Castillo San Cristóbal, y en este había una garita conocida como la Garita del Diablo, que tenía la mala fama de ser viciosa y encantada por demonios de la noche que en algún momento habían hecho desaparecer a vigías españoles de la noche isleña. Junto con el respeto de los locales a los fantasmas del pasado, el manto del sereno protegía invisiblemente las noches de estos fuertes amurallados. Los coquíes amenizaban sus noches a diario.

CAPÍTULO 23: RESULTADOS

Los nervios se habían apoderado de Sofía Serrallés Suárez en aquellos días posteriores al examen. Ya no aguantaba la presión de la familia con respecto al problemita de no ser licenciada aún. Sus hermanas se lo recordaban en cada una de las reuniones familiares.

—Mira a esta, tanto tiempo estudiando y no llega a nada —decía su hermana mayor a su madre cada vez que tenía la oportunidad.

En la alta sociedad, minimizar los logros de los hermanos era tan común como vestirse de trajes de diseñador.

Los resultados esperados por Sofía llegaron al fin, y su semblante perfecto de porcelana se deterioró enseguida. Su figura esbelta deseada por muchos no significaba nada en estas circunstancias. La abismal decepción del fracaso, considerando que había dado el cien por ciento de su capacidad, la mantenía en un estado de profunda tristeza. Su frustración encontró algo de sosiego cuando recibió los mensajes de sus compañeros, todos con emojis de caritas tristes. Tal parecía que sus noches de reuniones en el recinto no habían llegado a su anhelado fin.

"Sofía, es tiempo de que usemos la ayuda de la que habíamos hablado", decía el mensaje de Carlos. Al leer este mensaje, Sofía dio el suspiro más desasosegado de su vida, pero sentía que tenía que sacar la cara por el equipo. Se trataba de una misión para una mujer, y ella lo sabía.

CAPÍTULO 24: SECRETOS DE EL RATÓN

Eran las once de la noche y Miguel salió de su casa hacia la carretera del placer boricua. Iba de camino al negocio El Ratón, esperando encontrar un alivio a sus pensamientos. Este negocio albergaba la escoria más inteligente del pueblo, la cual, sobre una mesa de dominó podría resolver todos los problemas políticos y económicos la Isla, mejor que la Junta de Control Fiscal, según sus planteamientos utópicos elaborados con exquisita ironía. Discutían de política, de negocios, de carros y de grupos de música ya obsoletos.

Ya encaminado por aquella carretera vieja pensaba: "Si entrego la información que tengo acerca del 'nuevo amigo', quizás se pueda rastrear el lugar de procedencia de sus mensajes… pero él dejó claro que, si lo rastreaba, su dispositivo lo alertaría y perdería toda comunicación con él".

Al llegar a El Ratón procuró la atención del cantinero Reynaldo, quien ya le tenía lista una cerveza Medalla, casi a punto de congelación. Tenía que ser de botella; para él no había otra manera de beber cerveza. "¿Cómo están siempre tan nítidas estas cervezas? No importa la temporada, siempre bien consistentes, y no importa las que uno pruebe a donde sea que uno viaje, ninguna como esta. Es como si estas neveras las hubiesen construido ángeles", pensaba después de darse el primer, larguísimo, sorbo.

Un muchacho sentado al mismo lado de la barra, con gafas oscuras y una gorra con la marca *Trupoint*, lo miró por un segundo.

Levantó la cabeza cuando llegó Miguel y acto seguido volvió a enfocarse en su trago. Muchas veces los tragos importan más que las personas, al menos para algunos. No llevan a la mejor conversación, pero tampoco a la peor.

—Oye, Miguel, ¿cómo está el caso ese que se escucha todos los días en la radio? Mira que la gente está hablando mucho de eso. Se dice que debe ser algún hijo de ricos a quien su papá le quitó la herencia y se volvió loco. Hay otros que dicen que todo es por control de puntos de drogas, y otros, que él es el Gobierno el que está empezando a matar gente como en Venezuela. ¿Qué tú crees? —preguntó Reynaldo mientras limpiaba la barra de madera vieja con un paño que en algún momento fuera blanco.

Reynaldo era el *bartender* viejo recalentado de El Ratón. Llevaba más de treinta años trabajando ahí y, además de servir palos, estaba encargado de hacer el famoso caldo de res de los sábados y la sopa de gallina de los domingos. También era notario, por el lado, y hacía pisos cuando le caía algo. Pero donde más le gustaba estar era en esa barra del cuñado, en donde sentía que tenía el control sobre los amantes del alcohol.

—Te voy a decir algo, Rey. Yo pienso que este tipo es de cuidado, no es cualquier matón. Es inteligente y cuidadoso, un tipo interesante. Es más, hasta creo que nos llevaríamos bien si lo conociera personalmente. Me pregunto si trabaja solo —respondió Miguel.

—¿Que se llevarían bien? Estás bien loco, Migue. Esos tipos se llevan enredaos a cualquiera. Pa mí que es de una ganga de Santurce. Dicen que esa gente, si te descuidas, te dejan sin ropa y te comen vivo —le dijo Rey con tono alarmista mientras le servía un trago a otro cliente—. Oye, ¿y qué es eso de las caricaturas con el nombre de la víctima? Es como si se estuvieran riendo de la Policía… Bueno, de la Policía de este país se ríe cualquiera —concluyó Reynaldo con una risa sarcástica.

Permaneció meditabundo unos minutos y luego volvió a tomar la batuta de la conversación:

—¿Tú sabías que yo estaba en el apartamento del frente cuando asesinaron a Antonia en la *iupi*? Yo vi todo lo que pasó esa noche. ¿No te lo había contado? Mira, los policías llegaron por la calle Ponce de León. Me acuerdo clarito; fue el 4 de marzo del año 1970. Yo me iba a encontrar con mi amigo Celestino en su apartamento. Él me había dicho que tuviera cuidado porque durante el día les había tirado piedras a unos guardias e inclusive le había dicho "bruto" a uno de ellos. Todo por una riña de gallos. Ese mismo guardia le había hecho una señal con la mano de que le iba a cortar el cuello.

Los guardias iban apareciendo a pie por la calle y Celestino estaba mirando todo lo que estaba pasando desde el balcón de su apartamento. De momento, uno de los agentes desenfundó, miró a Celestino y le hizo dos disparos. Cele cayó al piso del balcón, herido por el roce de una bala. Pero entonces se escuchó un ruido mayor desde el apartamento del lado. Unas muchachas, de las cuales recuerdo a Carmen, salieron gritando. "¡La mataron, la mataron!", gritaban como locas. Y más adelante nos enteramos de que la pobre Antonia se había ido de este mundo, sin saber siquiera la razón verdadera. Todo porque a un guardia no le gustó que le tiraran piedras, luego de perder a las patas de un gallo y no querer pagar en el famoso *deporte de caballeros*.

Te digo, Migue, hay mucha gente que desde ese día les perdió el respeto a los policías y le pasaron el mismo desprecio, por herencia, a sus hijos. Hay cosas que se enseñan desde chiquito, aunque no sean necesariamente buenas, ¿viste? Mi mejor amigo es policía y yo sé lo mucho que se preocupa por el bienestar de la comunidad; no todos son iguales… Yo, por mi parte, no pude seguir estudiando después de ese trauma; y desde ese día me hice bartender.

Reynaldo terminó su relato y enseguida retornó la tarea de limpiar la barra con el paño percudido de mil y una noches, que había dejado en pausa mientras narraba.

—Espérate un momento, Reynaldo, ¿entonces el asesinato de Antonia fue por una rencilla de la calle, según lo que tú cuentas? —preguntó Miguel con cara de incredulidad—. Tanto que se ha cantado de esa pobre muchacha, y el tiro no era para ella, sino para un tipo por una rencilla de gallera… ¿Y qué pasó con el Celestino ese? —quiso saber Miguel.

—Pues Cele recibió un impacto de bala, pero no fue fatal. Actualmente, trabaja para el Gobierno, aunque ahora mismo está por el Fondo. Siempre se ha callado su historia; solo muy la conocemos, y él nos la repite cada vez que se emborracha. Yo te digo lo que yo vi y lo que me acuerdo; y sé que, a la Policía, desde ese día, el pueblo no la ha visto con los mismos ojos —insistió con tono de sabio Reynaldo.

—Yo creo que este asesino va más allá de tenerle odio a la Policía por casos aislados como el de Antonia, Reynaldo. Es como si, desde su perspectiva, él quisiera salvar a la Isla entera. Como si creyera que sus asesinatos pueden lavar los pecados del pueblo, como si tuviera agua bendita para sus hazañas. La verdad es que este tipo es muy interesante —respondió Miguel.

—¿Lavar los pecados del pueblo? —intervino de repente el hombre de las gafas y la gorra—. Pues entonces debería estar buscando entre las filas de los puristas, que esos son los fanáticos más grandes de este pueblo. Para mí que él lo que quiere es un pueblo vivo y sin abuso.

Miguel lo miró dos veces, percatándose de su presencia por primera vez; el hombre ni siquiera subió la cara para hablar y siguió enfocado en su trago.

—Oye, hablando de puristas, aquí andaba don Eusebio el otro día, bien metido en palos, tú sabes; pasadito de mano como siempre que bebe. Ese viejo verde es otra cosa. Mira que sabe de historia, ¿eh? Bueno, él siempre dice que miraba la historia desde la primera fila, aunque para mí que se inventa la mitad de lo que dice. La verdad que entretiene escucharlo… —comentó Reynaldo, divertido.

—¡Wepaaaa! ¡A que están hablando de mí! Es que siempre me tienen en la boca, y mira que soy yo el que los quiere tener en la boca a ustedes. Yo estoy loquito, pero solo por la noche y después de tres palos —se anunció don Eusebio con algarabía entrando a la barra en ese instante, como si lo hubieran llamado con la mente.

Todos lo miraron, y los clientes regulares se rieron con ganas ante el desparpajo de sus comentarios.

—Tus entradas son las más espectaculares de esta barra, Eusebio. Mira, cuéntanos alguna historia de esas ocultas que nadie sabe más que tú —lo provocó Reynaldo.

—Pues, fíjate, te voy a decir algo que casi nadie sabe de Muñoz Marín y Albizu. No es tanto una historia, sino más bien un relato interesante. Ustedes saben que el ajedrez es deporte de pensadores...

En este punto, ya Eusebio había captado la atención de todos en el cafetín, así que procedió a contar su relato histriónicamente, hablando hasta con las manos.

—Pues, ¿qué me dirían si les cuento que los roces entre Albizu y Muñoz Marín pudieron nacer a causa de unas partidas de ajedrez? Resulta que en mi fraternidad se comenta que tanto Albizu como Muñoz Marín solían jugar al ajedrez y que un día, luego de un debate político, Muñoz invitó a Albizu a jugar con el objetivo de demostrarle que su inteligencia era mayor que la de él. Albizu aceptó la invitación. Entonces, jugaron en cantidad y Muñoz Marín, a quien no le gustaba perder, se dio con un contrincante más sabio, al cual no pudo dominar. Y mira que lo intentó... Leía libros, consultaba con expertos jugadores, intentó de todo. Pero nunca pudo ganarle a Albizu. Así las cosas, cuando llegó el momento del caso político contra Albizu, Marín no le dio la mano y, pues, terminó en el calabozo. De hecho, dicen que el gobernador lo visitaba en las noches para observarlo; quería dizque estudiarle la cabeza... Mira, Rey, dame un palo, que estoy seco —dijo don Eusebio, volteando dramáticamente su vaso para mostrar que estaba vacío, como su alma.

—Entonces ¿lo de estudiarle la cabeza a Albizu vino de Muñoz Marín y no de los gringos? —preguntó Reynaldo fascinado por el relato.

—Lo de estudiarle la cabeza fue un acto de un perdedor que se empeñaba en penetrar los pensamientos del oponente que nunca pudo vencer. Todo aquello de que Albizu había sido el organizador del ataque al Congreso fue un acto de cobardía, una invención de un mal perdedor, para joderlo. Todo el mundo sabe que la autora del ataque fue Lolita Lebrón, nadie más.

—Un palo por Lolita, la terrorista mejor vestida y más *sexy* que ha existido —gritó un señor metido en palos desde una de las mesas del chinchorro.

Miguel y Reynaldo intercambiaron miradas de incredulidad ante el chisme que acababan de escuchar. Finalmente, Miguel se levantó de la oxidada silla alta de la barra y dijo:

—Yo creo que ya es hora de irme a casa, porque a mi mente le hace falta descansar. Toma, aquí está lo de mi cuenta, quédate con el cambio.

Se dirigió relajado, hasta un poco divertido, a su carro. El tipo de las gafas lo miró hasta perderlo de vista; el diente partido sonreía.

Cartapacio
La chica salió muy aprisa de la oficina privada de la Torre de Plaza. Tan perfecta, tan apetecible, tan aparentemente ficticia. Llevaba consigo la carga de una vida rechazada. Su pelo, perfecto; su traje negro corto, ceñido al cuerpo; sus tacos, altos para elevar

sus glúteos de gimnasio y entrenador personal; su fragancia, de diseñador exclusivo. Los atributos físicos de aquella mujer combinados con su inteligencia hacían imposible que alguien se resistiera.

Llevaba en las manos un cartapacio delgado, pero tan potente como el arsénico, tan útil como el carbón. Sacó un cigarrillo de la cartera. "No dejes que un hombre haga el trabajo de una mujer", pensaba mientras se retiraba en el Uber que la recogió en el tercer piso del estacionamiento de Plaza Las Américas. La primera parte de su misión había sido completada. Todo estaba listo para el próximo paso.

CAPÍTULO 25: LAS ISLAS

La oficina del cuartel se había volcado sobre los casos del asesino estrella del momento. Ya habían pasado muchos años desde que habían ayudado a los federales a atrapar a Filiberto, caso que en aquel entonces conmocionó al pueblo, hipócrita e inclinado siempre a la conveniencia. Más tiempo aún había transcurrido desde la captura de Tomás *Brujo* Dávila y de la del temido y mil veces incluido en canciones, Ángelo. Todos los casos importantes tenían, a mucho orgullo, un sello rojo al final que decía "completado" y la firma de Miguel. Todos, menos un caso en la esquina derecha. El caso de un niño asesinado en la paz de su casa, en su mismo santuario y castillo de juegos. El cuerpo adornado por sus peluches, la bola de béisbol, bloques de Legos, todo salpicado con su sangre santa. Encubrimiento de figuras de la política, acusaciones a mancos, orgías, droga, disputas legales de paternidad, todo formaba parte del caso más comentado del país, cuya solución nunca se logró y cuyos culpables andarían paseándose por La Princesa siempre que les diera la gana. Fue este caso el que dejó a Miguel con un sentido de impotencia insuperable y, más aún, él lo llevó a decepcionarse del sistema.

Miguel llegó temprano al cuartel con su maletín para prepararse antes de que comenzara la reunión. Notó que había unos monitores nuevos en el salón, al lado de la pizarra. Miró el panel de casos resueltos, se persignó como católico que no va a misa y se sirvió su segundo café del día. Sin poder evitarlo, su mirada se detuvo en el caso sin su estampa, y bajó la cabeza. Luego le envió un mensaje a Sofía, mientras esperaba por los demás: "Sofi, debemos irnos de vacaciones un día de estos… Mira, estaba pensando en cortar el palito de algarroba que tanto te molesta".

Raúl llegó al salón con dos engabanados más y le dio un abrazo a Miguel.

—Señores, este es el detective especial Miguel Hernández. Miguel, te presento al detective Juan Luis Sosa, de Santo Domingo, y al detective enviado por St. Thomas, James Cabrera.

—Mucho gusto, señor Miguel —expresó Juan Luis saludándolo con la mano.

—*Nice to meet you, and* mucho gusto. No dejes que el nombre y la procedencia te engañen, soy boricua radicado en St. Thomas —dijo James mientras le daba un abrazo, totalmente inesperado, a Miguel.

—¿A qué debemos esta reunión internacional, Raúl? —preguntó Miguel mirando a Raúl algo incrédulo.

—Pues, debes saber que, al parecer, en los últimos meses nuestro asesino ha estado de viaje. De hecho, si miras las noticias internacionales se ha visto un patrón de aceptación por la prensa a nuestro querido sanguinario.

—Así es, señor Miguel. En la República se encontró muerto a un senador importante, y con las mismas características de los casos de Puerto Rico: el nombre de la víctima y la palabra *Odebrecht* debajo. También se encontró el cadáver de un jugador de pelota con la frase "Trata Humana" escrita en las cercanías. Luego de leer los análisis de sus casos, decidimos venir a confirmar —explicó Juan Luis, mientras le enseñaba unas fotos que iba sacando de un sobre.

—Nosotros, en St. Thomas, hemos visto tres casos similares, uno relacionado con drogas, los otros dos, con corrupción. Todos siguiendo el mismo patrón —añadió James.

—He escuchado noticias de casos similares en Haití, Cuba, Colombia… todos con el mismo dibujo. El Caribe anda algo asustado —intervino Juan Luis—. Según los análisis, la gran mayoría de los casos se han dado en Puerto Rico, por eso decidimos venir acá. Parece que el asesino o los asesinos son boricuas —añadió mostrando un mapa del caribe marcando todos los casos con X rojas.

—Muy interesante. Aunque podría tratarse del fenómeno de los imitadores o *copycats* —comentó Raúl.

—Todos los países afectados tienen en común que son caribeños.

—Pueblos taínos —dijo Miguel.

El teniente Pomales se unió al grupo en ese momento.

—¿Alguna novedad? —pregunto Raúl.

—Tenemos una noticia importante: se pudo sacar el DNA del guante que dejara el asesino en el caso de la monja. Estamos buscando en diferentes bancos de datos para ver si podemos empatar con algún caso del pasado, pero hasta ahora no ha aparecido nada —contestó Pomales.

Un mensaje apareció en el ordenador de Miguel: "El andante de las sombras, prisionero del olvido, se encargará de las lenguas de los inicios, como arena y yuca, cortando la umbilical mantenida examinadora sobornable. Prepárate. Él vive, yo vivo".

CAPÍTULO 26: DETALLES

Miguel se encontró con Raúl más tarde para tomar un café y discutir todo lo acontecido.

—Las tostadas con mantequilla siempre han sido mi debilidad. Parece mentira que en esta misma panadería haya estado el presidente Obama. Se comió un medianoche y cambió los pronósticos de la Isla hace una década. Adivina quién fue el que lo trajo aquí, burlando los protocolos del Gobierno de turno… Ese día gané buen billete —dijo Raúl jactancioso, mientras mojaba su pancito en la delicia del café de las montañas de Lares.

—Raulito, no te me desvíes, amigo. Siempre has estado conmigo en todas, este asesino no va a poder con nosotros —señaló Miguel tratando de volver a encaminar a Raúl.

—Amigo, nada ha podido contigo nunca. Y siempre he sido tu gran mayor fanático, lo sabes. Nuestra vida ha estado llena de altibajos, pero siempre salimos a flote… Miguel, hay muchas cosas de las que tenemos que hablar. Prométeme que luego de que atrapemos a este tipo nos vamos de fin de semana de panas, como hacíamos antes, y hablamos con calma dándonos unos *whiskicitos* —respondió Raúl, mirando a Miguel con cariño.

—Raúl, para ti siempre hay tiempo; solo me dices y lo hacemos. ¿Hay problemas con la nena? Dime que la nena está bien, por favor —respondió Miguel genuinamente preocupado.

Raúl lo miró con una sonrisa a medias, de esas que te da un hijo cuando no ha hecho la tarea y aún afirma haberla hecho. Luego, cuando estaba a punto de hablar, lo interrumpió una llamada en su celular. Se levantó de la mesa y se alejó de Miguel para contestarla. Luego de unos minutos regresó a la mesa, pero lo único que Miguel pudo escuchar fue: "Sí, voy a ver verificar el área yo mismo". Raúl se percató de que Miguel parecía inquieto por su comportamiento y se apresuró a calmarlo.

—Güelo, me tengo que ir a entrevistar a un testigo de un compañero, seguimos hablando más tarde. Estoy loco por coger al asesino ese. Sabes que siempre te adoro, hermanito —se despidió Raúl, dando a Miguel un abrazo de esos que se sienten como si fueran el último.

—Tranquilo, Raulo, hablamos más tarde —replicó Miguel.

Raúl le dio una mirada de cariño y salió de la panadería dejando el café y las tostadas sin terminar. Miguel se quedó pensando en lo extraño de que su gordito favorito no se lo comiera todo antes de salir, pero, más aún, de que le dijera que tenían que hablar de muchas cosas. Nunca se le escapaba un detalle, y muchas veces llegaban a atormentarlo. Los detalles habían determinado su carrera. Los detalles no le dejaron seguir su carrera en ciencias naturales ni, más tarde, su intento en ingeniería. Aunque sí le habían permitido tener una carrera muy destacada en la Policía, resolviendo los casos más importantes de la Isla.

CAPÍTULO 27: WISO

Raúl salió muy apresurado hacia la antigua Base Roosevelt Roads en Ceiba, donde se encontraría con su contacto. Esa tarde se encontraba algo nervioso, lo cual no era usual para él. "Se suponía que no hablaría con este tipo hasta el jueves. ¿Cuál es la prisa?", pensaba. "Probablemente anda muy nervioso por las confidencias que me dará". La cafeína del refresco de dieta, recetado por él mismo, lo alteraba aún más. En la radio del carro, el CD de los éxitos de Van Halen, a todo volumen, era el obligado para manejar largas distancias. Al pasar frente al hospital de Carolina recordó las noches que había acompañado a Miguel a visitar a Sofía mientras ella hacía alguna guardia de concentración. Él adoraba a su amigo y le encantaba ver que estuviera con una muchacha tan hermosa como Sofía, aunque pensaba: "Si solo supiera que no es tan perfecta como se imagina...".

Rememorar viejos tiempos con Miguel lo llevó a recordar momentos de su niñez. Su amigo lo había salvado en múltiples ocasiones, había sido su ángel guardián en el trayecto de su vida. Hubo muchas peleas en las que Miguel intervino para defenderlo. Recordaba cómo una vez hasta le mintió al atacante diciendo que él veía por un solo ojo y que, si le pegaban, se podía quedar ciego. Otra vez, cuando le iban a dar una pela entre siete, por una falda, Miguel se paró a su lado, para dividirse la pela entre los dos. Se acordó de cuando corrían lejos de las vacas imaginando que eran toros cebús para darle color a la historia con su supuesta valentía; de las competencias en yaguas en casa de su abuelo; y de cómo Miguel siempre ganaba todas las carreras. Le dio risa recordar que una vez, jugando al tocao, brincó por encima de una niña en silla de ruedas, sin darse cuenta apenas de lo que hizo.

Al pasar por Loíza pensó en cuando practicaban el deporte de *surfing*, en las peleas con los locales las playas y en cuando les explotaban las gomas solo por haberles robado una ola. Al llegar a Río Grande se acordó de cuando iban a casa de su amigo Mizael para salir con él a la costa a pescar toda la noche... aunque no pescaran nada. El mero hecho de tomar cerveza hasta bien tarde era suficiente. Y al pasar por Luquillo, le vinieron los recuerdos de la Semana Santa de cada año, con el conteo regresivo de los viernes por la noche para poder volver a comer carne a partir de las 12:01 del sábado exactamente.

Luego de pasar la salida de Playa Azul, sintió calma de nuevo. Se encontraba en su segundo territorio favorito. Ahí todas sus memorias le daban paz. Era su escondite a plena luz favorito; donde tocaba guitarra de adolescente para conquistar a las chicas. Ahí se olvidaba de todos sus casos, visitaba al enamorado de su mamá, César, con quien siempre mantenía una gran conversación si era sobre boxeo, pero si intentaban analizar el béisbol era la más porquería que podría existir. De hecho, una vez le dio una bola firmada por quién sabe qué peloteros. Todavía la guardaba de recuerdo. Los apartamentos que quedaban mirando al mar le recordaron el momento en el que su padre quiso arreglar el matrimonio con su mamá comprándola con un apartamento de playa.

Finalmente, Raúl llegó a la salida de la carretera hacia *Roosevelt Roads Naval Base* a encontrarse con su contacto. A lo lejos se veían los molinos de viento, no gigantes, que hasta el Quijote habría reconocido como rastro de la negociación de algún político con un buitre para poder asegurar su retiro. "Este caso tengo que resolverlo ya", pensaba mientras se comía las uñas de la mano derecha, sosteniendo el guía con la izquierda.

Al llegar al hangar, en un punto muy retirado de la carretera, en la antigua base naval, el auto de su contacto ya estaba estacionado en la parte del frente. Era una guagua *Corolla* color champagne del año 1995, de esas que la gente confundía con color rosado. Se estacionó en el área y se bajó con su maletín, como si fuera listo para ir a la corte. "¿A quién se le ocurre comprar un carro rosita?", pensó Raúl mirando la guagua con una sonrisa de *bully* de escuela.

Ya conocía muy bien aquel hangar, gracias a algunos trueques efectuados ahí en el pasado. Le gustaba porque era solitario, quedaba lejos de San Juan y tenía solo una entrada y salida; en fin, era perfecto para intercambios y todo tipo de transacciones. Una notificación en su celular sonó con un *beep* clásico. Raúl no atendía notificaciones de su teléfono personal cuando estaba trabajando. Aunque imaginaba que esa notificación sería de algún mensaje de Miguel, esperaría a saludar a su contacto para contestar. Se acercó a la puerta caminando con la suavidad de un parejo de quinceañera. Se dio la vuelta un momento para admirar a la distancia esa parte de la antigua base militar. "¡Qué pena que tanto terreno esté perdido! Solo la escuela de aviación tiene sentido aquí", pensó.

Los coquíes comenzaron su canción acostumbrada; su cantar se sentía como vena que daba el pulso de la Isla.

El teléfono volvió a sonar y él lo volvió a ignorar. Cruzó la puerta principal y se acercó a la escalera.

—¿Wiso, estás aquí? —preguntó en voz alta.

Nadie contestó. A lo lejos se escuchaba una canción de Roy Brown. "Este tipo está bien loquito. Mira, y que Roy Brown a estas alturas. Se nota que fue un pelú de la universidad", pensó mientras subía la escalera hacia la oficina ubicada en el entresuelo, una de esas con descanso antes del segundo tramo. Ya cuando estaba en el descanso, decidió silenciar el teléfono. Al sacarlo del bolsillo, leyó por fin el mensaje; era de Miguel: "¡Urgente, Raúl! El cadáver de Wiso Torres fue encontrado cerca del puerto de San Juan".

—¿Wiso Torres? —dijo en voz alta.

El segundo mensaje solo decía: "¿Dónde estás, Raúl?".

Raúl se quedó congelado por un instante. Miró a todos lados, su semblante estaba transfigurado. Empezó a bajar las escaleras lo más rápido que pudo. Intentó abrir la puerta por la que había entrado, pero estaba cerrada por fuera. Ya muy nervioso, se puso a mirar a todos lados buscando alguna salida alternativa, hasta que algo en la parte de arriba de la salida captó su atención. Su temor más grande se acababa de materializar sobre el umbral de aquella puerta. Esta vez la silueta taína llevaba su nombre.

***

Miguel se encontraba en el lugar donde hallaron el cadáver de Wiso Torres. Junto a él se podía ver el ya consabido dibujo del petroglifo, su nombre y el mensaje que leía: "Testigo comprado". Le pareció raro que los mensajes que le enviara a Raúl no fueran contestados de inmediato; Raúl nunca lo dejaba esperando. Le volvió a escribir: "¿Dónde estás, Raúl?". Raúl no respondió, pero sí lo hizo el asesino: "Ya todo va cayendo en su sitio. Espero que no lo extrañes mucho".

CAPÍTULO 28: ESCORIA

Raúl corrió hacia la parte trasera del hangar. Las luces se apagaron súbitamente. El agente sacó su arma de reglamento y miró atento para todos lados sin lograr ver a nadie. La música cambió. Por las bocinas viejas del hangar comenzó a escucharse la voz de Daniel Santos y su "Yo no he visto a Linda" con un poco de estática. Raúl nunca había estado tan asustado. Le quitó el seguro a su pistola todavía virgen, pues le ponchaban la tarjeta todos los años sin cuestionamientos y ni siquiera había ido a practicar al club de tiro. Sudaba profusamente; parecía que hubiera corrido el Teodoro Moscoso en julio.

Se escuchó por fin una voz:

—Señor sargento Raúl Rivera, ¡qué placer tenerlo aquí!

Raúl siguió tratando de distinguir alguna figura humana a su alrededor; le faltaba el aire y le sobraba el sudor.

—Se preguntará por qué le tocó el turno a usted, ¿no? Pues antes de comenzar a explicarle, déjeme decirle que su contacto, el Wiso, ya es cadáver —continuó la voz del asesino—. Ahora le voy a refrescar la memoria y a explicarle para que me entienda: el caso de la monja hija de puta que se iba de viaje con el dinero que recogía de explotar a estudiantes pobres; el chanchullo de los tiradores y las taquillas de conciertos para lavar dinero; el casito del pillo de cuello blanco que se embolsillaba los chavos del peaje; el del boxeador que le pegaba a la esposa; el del gallero; el del legislador corrupto… ¿Se acuerda de todos? Claro que sí. Estos son algunos de sus casos, todos engavetados, gracias a la amable contribución del soborno.

Todos cubiertos descaradamente por la Policía… bueno, más bien, por usted. ¿Cuánto dinero tendrá guardado? Espere, eso lo sé yo. Esa cuenta en las Islas Vírgenes… Fíjese, el dinero que tenía ahí, los 650,000 dólares, no cuente con ellos; solo vaya contando el tiempo que le queda, que no es mucho. Y lo mejor de todo, sargento Rivera, ¿se acuerda del caso que sacara de carrera a su gran amigo Miguel? Seguro que sí, si usted tenía las manos superembarradas en ese caso. Tan embarradas que el caso se perdió, precisamente, gracias a usted. Su amigo se fue de la Policía y todo el mundo salió absuelto. Menos usted, porque hoy se convertirá en la ofrenda más grande. Hoy te vas de este mundo, idiota.

Raúl se movía de lado a lado, como un ciego, buscando de dónde provenía la voz. Trató de llamar por teléfono a Miguel, pero el celular se le cayó al piso por los nervios. En eso vio, detrás de unas cajas, una ventana de una sola hoja, de esas antiguas que se mantienen abiertas con un palo de escoba atravesado. "Esa ventana es mi única salida. Si la pudiera alcanzar…", se le ocurrió a Raúl, ya totalmente aterrorizado. Una sombra le pasó por detrás y, de repente, se encendió un proyector. Sobre la pared del fondo aparecieron imágenes de la monja y su pareja agarrando bolsas de dinero del baúl de su carro, fotos de la hermana con diferentes niños y fotos de ambas de vacaciones en varios países. Raúl miró azorado estas imágenes y bajó la cabeza con vergüenza de perro que ha meado donde no debía.

—Mire, sargento, lo que usted no quiso entregar. Tenía todas las pruebas, pero no hizo nada con ello. Hay que limpiar a Puerto Rico de gente basura como usted —sentenció la voz del asesino.

—Entonces, ¿tú crees que matando gente se resuelven las cosas? —dijo Raúl muy alterado—. Pues estás muy equivocado. Esa monja iba a salir libre porque no había suficiente evidencia —dijo, ya gritando, al final.

En la pared, la imagen volvió a cambiar; entonces se veía a la monja tomándose un café con Raúl.

—¿Qué pensaría su gran amigo, el detective Hernández, si supiera de su segunda carrera, de su interesante trabajo a tiempo parcial? ¿Sería tan hombre como para arrestar a su mejor amigo? Tiene razón, Sr. Rivera, faltaba evidencia; faltaba usted.

Entonces las imágenes proyectadas sobre la pared empezaron a cambiar. Todas eran fotos de Raúl: con un productor de música, con el director de peajes, con el boxeador, con el senador, en la escena del asesinato del niño… hasta que apareció una foto con Sofía.

Raúl hizo un disparo a un barril de agua que quedaba cerca del proyector, que cayó sobre este y dejó congelada sobre la pared aquella última imagen. Entonces aprovechó y se trepó en las cajas que daban paso a la ventana. La madera vieja parecía quejarse bajo el peso de su opresor. Raúl logró llegar a la ventana mohosa para salir por ella. Sin querer, retiró el pedazo de palo que la mantenía abierta, lo cual hizo que se cerrara estrepitosamente. Intentó abrirla, aunque tenía las manos sudadas y, además, al cerrarse se había atascado. La golpeó con su cuerpo varias veces. El sudor se apoderaba de su camisa. Cada cantazo a la ventana le dolía en todo el cuerpo, sabía que abrir aquella ventana era su única posibilidad de sobrevivir.

Cuando pensaba que no valía la pena seguir intentando, la ventana por fin cedió. Con dificultad, Raúl logró sacar la parte superior de su cuerpo. Pero una mano nervuda le agarró la pierna derecha. Pateó desesperadamente con su pierna izquierda y de repente sintió que un frío lo atravesaba. Su cuerpo entero se estremeció al percibir la sangre que brotaba de la cortadura. Con todo, siguió pateando hasta lograr que la mano lo soltara. Pudo salir del hangar, pero al caer se lastimó el tobillo derecho. Aunque sumamente adolorido, se levantó como pudo. Caminando de medio lado, avanzó hacia su carro. Del interior del hangar salían extraños sonidos muy fuertes. Raúl buscó las llaves del carro con impaciencia entre sus bolsillos.

—¿Por qué será que cuando más uno necesita las llaves no aparecen? —murmuraba furioso hasta que dio con ellas. Se habían quedado un poco atoradas en el bolsillo derecho.

Al llegar a la puerta del vehículo sintió el frío de un puñal que le atravesó la espalda. Consiguió virarse para ver a su asesino, que le sonrió al verlo de frente. Raúl lo miró y quedó totalmente pasmado, como si hubiera visto un fantasma del pasado. Sintió el frío de nuevo, esta vez en su pecho. Supo que la muerte se acercaba irremediablemente.

—A ti no te voy a terminar; ahí te vas a quedar desangrándote. Que el Opia se lleve tu cuerpo. No mereces una muerte rápida —le dijo el asesino mirándolo a los ojos. Luego se dio la vuelta y, sin decir más, desapareció.

Con sus últimas fuerzas, Raúl escribió sobre la puerta del carro, utilizando su propia sangre: "Tu cadena".

Dentro del hangar se escuchaba sonar insistentemente el teléfono de Raúl, que seguía tirado en el suelo. El asesino lo agarró y contestó la llamada.

—Miguel, el final siempre sorprende, aunque esté escrito desde el principio.

Miguel quedó paralizado y su semblante perdió todo el color.

—¿Qué le has hecho a Raúl, imbécil? Él no tiene nada que ver con tus locuras —bramó Miguel.

—No estés tan seguro; acuérdate de que la mano derecha aprieta diferentes teclas en el piano —respondió tranquilamente y colgó.

Miguel llamó al cuartel y de inmediato pidió rastrear el teléfono de Raúl. No tardó mucho el sargento Pomales en descubrir la ubicación. Tan pronto como supo el paradero de su gran amigo, pensó en las veces que había ido a la antigua base militar a jugar *bowling* barato con alguna noviecita hija de militares, y que fue justo ahí donde Raúl tiró, borracho, su sortija del colegio al mar. Todos estos recuerdos se mancharon de sangre, como en una película de terror, al pensar en las posibilidades. El celular de Raúl se encontraba en ese lugar, en manos del asesino. Miguel sabía que no volvería a ver con vida a su amigo. Una densa mancha escarlata nubló su mente.

CAPÍTULO 29: RAÚL

Miguel llegó por fin a la escena del asesinato de Raúl. Desde lejos pudo ver su carro parqueado. Había policías por todos lados. Ya el reportero Paco Flores y su equipo estaban ahí, y la consabida cinta amarilla creaba un perímetro alrededor del hangar. La fiscal Ivialem hablaba con Pomales. Miguel se dirigió a donde estaba el cuerpo sin vida de quien fuera su mejor amigo. Sin razonarlo, le dio un abrazo mientras miraba sus heridas con la vista nublada por el llanto. Un frío punzante se apoderó de su alma. Todas sus andanzas, sus risas, sus relajos, sus momentos tristes junto a Raúl desfilaron por su mente en un instante, como un homenaje. Los recuerdos reviven la fantasía de la vida y nos envían al lugar que nuestra mente quisiera preservar o en algunos casos, trocar por la realidad. No hacía falta preguntarse quién había cometido este crimen. La búsqueda del asesino, desde ese momento, se acababa de convertir en un asunto personal.

Miguel vio el escrito en la puerta del auto y comprendió que el último acto de su amigo había sido dejar una pista para resolver el caso del asesino de los dibujos taínos. En ese momento no captó del todo su sentido, pero supuso que era un detalle que no debía pasar inadvertido. Decidió entrar al viejo hangar para observar el escenario de los acontecimientos por completo. Notó que tuvieron que romper una cerradura para tener acceso al interior. Observó la escalera empinada que llevaba al entresuelo, las cajas de maderas ajadas y regadas por el suelo y, frente a una de las paredes, el proyector todavía encendido mostrando la última imagen que quedó congelada antes del asesinato: una foto de Raúl y Sofía, sentados en la barra El Ratón el mismo día en que ella había llegado a verlo a él luego de que Raúl se fuera. "Esto no tiene sentido… ¡Si Sofía llegó media hora después de que Raúl se fue!", pensaba Miguel. "¿Qué hacía Sofía en El Ratón cuando yo no estaba?, ¿por qué se fue?, ¿por qué volvió?, ¿y por qué está su foto ahí?". Esos detalles sobre lo que hacía su novia usualmente no le importaban, pero en ese momento le carcomían la cabeza.

Sobre una mesa vio el celular de Raúl con la pantalla rota; más allá, la ventana abierta y, abajo, el rastro de sangre. "Por ahí tuvo que intentar escapar mi viejo amigo", pensó entristecido. Siguió pasando la vista por el lugar hasta que lo vio: el dibujo del petroglifo con el nombre y el apellido de Raúl acompañados de la frase "Escoria policial". Bajó la cabeza aturdido, sin comprender aún el porqué de su asesinato.

—Necesito que el proyector sea revisado. Si existe alguna memoria de las cosas que se proyectaron, las quiero ver; además, deben informarme de cualquier detalle, y no olviden las pruebas de DNA a todo lo que encuentren, porque este asesino tiene que caer ya.

—Claro, Hernández, no se preocupe. Yo personalmente le informaré de inmediato —contestó Pomales con absoluta seriedad.

CAPÍTULO 30: INEXORABLE

Miguel llamó a Sofía, pero ella no contestó; le había dicho que estaría en una guardia esa noche. Su mente estaba destrozada, no podía detener la avalancha de pensamientos tormentosos. Perder a su mejor amigo de esta forma y, además, dejando pendientes todos aquellos sueños de viajar por el mundo juntos y de llegar a viejos jugando dóminos. De repente recibió la llamada de Pomales.

—Miguel, hemos encontrado un detalle que no sabemos cuán importante sea, pero se lo queríamos informar. La palabra "inexorable" estaba escrita en el pequeño SSD atorado en el protector. ¿Esto significa algo para usted, detective?

—La verdad es que no me guía a absolutamente nada.

—OK; eso era todo por el momento. Seguimos investigando toda la data, si encontramos algo más, le aviso.

Protocolos

El asesino llegó a su casa exhausto. Se quitó la ropa y fue directamente a echarla a la pileta. Nunca repetía un atuendo luego de los asesinatos, todos iban a la basura después de pasar por el procedimiento adecuado. Le regó por encima una mezcla de vinagre y orégano, la puso en una caja. Selló la caja con cinta adhesiva de empacar y la puso en el garaje al lado de la basura. Conectó el teléfono celular al sistema de sonido de su casa para escuchar mejor la música. Tenía listo un *playlist* de música clásica que lo calmaba después de sus menesteres.

Se dio un baño caliente con agua casi hirviendo y su jabón exfoliante favorito de coco y miel. Luego de un rato se puso ropa limpia y fue a darle comida a su gato Guaitiao. Finalmente, se preparó para ir al rancho a ofrecer su más reciente sacrificio.

Extrajo de un sobre una foto de su víctima que obtuvo de Facebook, una captura de pantalla ampliada e impresa. Esta vez eso era suficiente; no era rastreable y resultaba válido para el sacrificio de esa tarde. Sus dioses entendían, según él, que los tiempos habían cambiado y que era mejor ser muy cauteloso en sus sacrificios para poder seguir haciéndolos; aquello de sacarles partes del cuerpo era algo del pasado.

CAPÍTULO 31: *SINGLE MALT*

Miguel se sentó frente a su computadora con un *whisky Single Malt* a la mano para revisar todos los mensajes que había recibido del asesino. Los leyó detenidamente una y otra vez. Los analizaba y tomaba notas en su libreta. Finalmente, le envió un mensaje: "Esta vez fuiste muy lejos".

Sin esperar respuesta, se concentró en examinar la prueba recopilada en los diferentes casos y enfrentarla a sus notas. Observó las fotos de todos los muertos buscando entre ellos alguna similitud: el kayak ensangrentado, la estación de peaje, la cara con la osamenta al descubierto en el caso del viejo San Juan. En los casos en que las víctimas habían sido apuñaladas se podía ver un patrón en la entrada del arma y, según Forense, era el mismo cuchillo. En los casos en que utilizaba un arma de fuego, usaba el mismo calibre y todas las balas provenían de la misma arma. Se detuvo a observar también las fotos de los guantes hallados en el caso de la hermana Sara "Con ese error te voy a agarrar", pensó Miguel con algo de optimismo. Un dato curioso que había pasado inadvertido hasta entonces era que en el área de los hechos se encontraban restos de batata.

Miguel se puso de pie para mirar las fotos desde diferentes ángulos y de repente lo asaltó el recuerdo de un retrato muy viejo, de un día que Raúl y él salían juntos de la escuela y su mamá los captó con su camarita. "Para que te acuerdes de que siempre vamos rumbo a algo grande", decía el mensaje detrás de la foto.

Siguió dando vueltas en su cabeza a la palabra "inexorable" y al mensaje que le dejó Raúl justo antes de morir. Hizo una búsqueda en internet de la palabra para corroborar su significado: "Que no se puede evitar, eludir o detener". Claro, eso ya lo sabía. Pero ¿qué significado tendría eso en estas circunstancias? Entre la lista de resultados que produjo la búsqueda general aparecía un enlace a una página llamada *Inexorable.art*, y como Miguel andaba perdido en sus pensamientos hizo clic en el enlace sin ninguna expectativa en particular. En la pantalla apareció una página de arte con un cuadro muy curioso. El cuadro, en el que predominaban los tonos de amarillo, mostraba una calavera con una dentadura completa casi perfecta, mirando de perfil. La firma del artista era una P con el número 19. Curiosamente, la calavera aparecía con la misma pose en la que el asesino había dejado la cara sin piel de Pedro Carrión.

Miguel se quedó mirando la letra P de aquella firma y de repente empezó a sudar, sintió su cuerpo como paralizado, se estiró y se puso las manos en la cabeza en un gesto automático. Tenía en sus manos un asunto demasiado importante.

En la página web no mencionaba el nombre completo del pintor de aquella obra, aunque aparecían otras obras identificadas con los nombres de sus creadores. Sin pensarlo dos veces, llamó a una galería para pedir información sobre estas obras.

—Galería de la Fuente. ¿En qué le puedo ayudar?

—Habla el detective especial Miguel Hernández. Estoy buscando al autor de un cuadro en específico que vi en la página web *Inexorable.art* —explicó Miguel, y procedió a describirle el cuadro con lujo de detalles.

—Ujum, deje ver de quién se trata.

Al cabo de dos minutos volvió la voz en el teléfono:

—No hay registro del autor, solo sale en nuestra base de datos que esta obra se encuentra en la galería del Museo de Arte de Ponce.

—Muchas gracias por la información —se despidió Miguel, a la vez que se apresuraba a encender su querido *Miata* y, sin pensarlo, arrancar hacia el museo.

Museo

Tan pronto como Miguel llegó al reconocido museo en la Ciudad Señorial, se dirigió al escritorio de bienvenida y mostró sus credenciales, preguntó por la obra *Inexorable* y le pidió a la recepcionista que le enviara al director del museo.

—La obra se encuentra en la sala Mi Puerto Rico, junto a la obra de José Campeche. Vaya en esa dirección y enseguida le envío al director, el Sr. Papapaleo —contestó la recepcionista amablemente.

Miguel se dirigió al segundo piso del museo y siguió las indicaciones hacia donde estaba la exhibición. Al llegar a la sala se encontró con la obra *Dama a Caballo*, de Campeche, y supuso que estaba en el lugar correcto. En la pared siguiente se encontraba una pequeña exhibición titulada *Nuevos Artistas de Puerto Rico*. Un señor alto, delgado, con un bigote tipo Dalí, entró a la sala y saludó.

—¿Detective Miguel Hernández?

—A sus órdenes.

—Héctor Papapaleo. ¿En qué le puedo ayudar?

—Esta obra titulada *Inexorable*, ¿qué información podría darme sobre ella? Estoy atendiendo un caso muy importante y pienso esta obra podría ayudarnos a esclarecer muchos asuntos —explicó Miguel.

—Entiendo, Sr. Hernández. La verdad es que esta obra fue traída al museo por un empleado del Instituto de Cultura hace unos siete meses. Fue dicha agencia la que pidió que se incluyera en esta exhibición. El autor no es un artista reconocido. De hecho, la obra se presenta como anónima. Uno de nuestros curadores nos expresó que esta pintura hace una representación muy fiel de los cráneos de los taínos.

Miguel sacó un billete de cincuenta dólares que le puso con total disimulo y naturalidad en un bolsillo al director. El director miró con disimulo el billete.

—El artista estuvo por aquí hace como un mes y nos pidió que, por favor, lo lleváramos al área de artefactos taínos. El hombre estuvo muchísimo rato mirando con detenimiento cada detalle. Estuvo a solas en la sala, pero por las cámaras de seguridad pudimos ver cómo les hablaba a los artefactos, como si les estuviese contando algo. Luego de eso volvió a donde está expuesta su obra y se tomó una foto a su lado.

Miguel lo escuchaba muy atento, atando cabos en su cabeza.

—¿Ustedes tienen cámaras de video en todas las salas? ¿Conservan las grabaciones? —preguntó súbitamente, intentando disimular su agitación.

—En todas las áreas de nuestro museo hay cámaras; lo exigen las compañías aseguradoras.

—Pues lléveme al cuarto de videos.

—No hay ningún problema, detective; sígame por aquí —dijo con zalamería el director—. Oiga, señor detective, le quisiera hacer una pregunta.

—Sí, por favor, diga.

—¿Por qué arriesga su vida todos los días?

—¿La verdad? Nunca fui un buen bailarín, y tampoco se me da bien *rapear* —respondió Miguel guiñando un ojo.

—Cuando vuelva por estos Lares, me gustaría hablar con usted sobre las pinturas de Campeche perdidas.

—Claro que sí, ese tema también lo tenemos que resolver, pero un caso loco a la vez.

Al llegar al cuarto de videos, el detective le explicó lo que necesitaba al encargado de seguridad y este se puso a buscar de inmediato en el banco de datos. No se le hizo muy difícil encontrar las tomas del día en que el pintor había ido a ver su obra, ya que el museo había estado cerrado por remodelaciones durante un tiempo.

—Congele esa imagen y dele *zoom*, por favor —pidió Miguel.

Al acercar la imagen se pudo ver claramente la cara del pintor. Era un hombre delgado de tez trigueña que le sonreía a la cámara con una gorra puesta. Dos cosas llamaron la atención de Miguel inmediatamente. Primero, la gorra; la había visto antes. "Este cabrón bebió en la barra El Ratón junto a mí; estuvo ahí el *hijoeputa*, al otro extremo de la barra. Hasta hizo comentarios ese día", se dijo. Y, en segundo lugar, lo más importante, su sonrisa con un diente roto. Con esto cobró sentido el mensaje que le dejara Raúl escrito con su sangre sobre la puerta del carro. Ahí estaba la información que le faltaba. El asesino había tenido un encontronazo con él y Raúl cuando eran niños. Era el mismo chamaquito que le había robado su cadena aquella vez que caminaba hacia el terminal de carros públicos. Historias intersecadas en puntos muy especiales.

Miguel entró a la aplicación de mensajes en el celular y le escribió al asesino: "Sé quién eres, hijo de puta", y justo después le envió la foto en la que posaba al lado de su obra.

En ese momento Miguel recibió un mensaje de texto del teniente Pomales: "Elián Morales, 42 años. Residente de Caguas". Enseguida llamó al teniente.

—¿Cómo sabemos esto, Pomales?

—El DNA del guante del asesinato de la monja. Se tardó mucho el banco de datos porque no se produjo un *match* inicialmente. Pero pudimos rastrearlo con una base de datos vieja y dimos con unos incidentes de robo de cadenas de hace más de veinticinco años.

—Pásame la dirección del tipo y nos encontramos allí. Y alerta a todas las unidades, Pomales.

Miguel se despidió del director del museo y salió a toda velocidad hacia Caguas.

***

Al recibir las alertas de su sistema de alarmas, el asesino salió por la vereda que bordeaba el río hasta el otro lado del puente del Río Grande de Loíza. Ahí ya se encontraba en lugar seguro para su escape. Su guagua de la compañía estaba estacionada en un lote al otro lado del puente. Siempre había pensado que en algún momento le sacaría provecho a esa incomodidad.

—Ya mismo acabará todo —pensaba complacido mientras se montaba en su guagua.

Huerto

Cuando Miguel llegó a la casa de Elián Morales, ya tres patrullas habían acordonado el área.

—Detective Hernández, el área está asegurada, no hay nadie en la casa ni en el rancho.

—¿Algún testigo en el área? —preguntó Miguel.

—Unos niños llegaron con sus papás y nos comentaron que en esta propiedad ocurren cosas raras a cada rato. Uno de ellos mencionó que a veces sale humo del rancho y se escuchan gritos y canciones, pero nunca se ve a nadie. También sus padres mencionaron que han percibido un olor muy fuerte a marihuana.

Miguel entró a la casa y observó todo. Aquella casa de cemento parecía sacada de una revista. Los muebles muy limpios, en juego, y todo en matices grises y blanco en las combinaciones de moda. Los enseres estaban impecables, combinados con la cocina; las lámparas, nítidas y acomodadas perfectamente por toda el área; todo estaba dispuesto como si algún profesional hubiera intervenido en la decoración del lugar. "Nadie se imaginaría que en esta casa vive un asesino, y menos un asesino en serie", pensó Miguel. De momento la vio en la sala: una pintura muy similar a *Inexorable*, la que había ido a examinar al Museo de Ponce. Presentaba los mismos colores, manejados con el mismo estilo, pero en esta la calavera miraba hacia el frente y llevaba puesta una corona como si fuera un rey.

Una voz impaciente interrumpió las cavilaciones de Miguel frente a la pintura.

—¡Detective, tiene que ver esto! —dijo un policía que salía del rancho de madera dentro de la propiedad.

Miguel salió muy de prisa hacia el rancho y atravesó, sin prestar atención, el huerto de tubérculos, abundante en batatas, que se encontraba entre las dos estructuras. Sin dudarlo un segundo, entró al rancho. Lo primero que había al entrar era un espacio como un estudio de pintor, con algunas obras, un caballete y materiales de pintura, todo muy organizado y nada fuera de lugar.

—Por acá, Hernández, pase —volvió a llamar el policía desde el interior del rancho, señalándole a Miguel una puerta que daba paso a otro cuarto en la parte posterior.

—Ahora sí estamos hablando —dijo Miguel casi emocionado ante lo que vio.

Aquel cuarto también estaba perfectamente organizado. Sobre el suelo de tierra había una franja de cemento pulido de unos quince pies de largo que atravesaba el rancho de lado a lado, a lo ancho. En ella se encontraba una mesa de centro, y en uno de los extremos, un equipo de sonido casero. Las paredes eran color marrón oscuro y, aunque había muy poca iluminación, se podían ver pinturas de petroglifos taínos sobre ellas. En un tablón de anuncios de madera y corcho había diversos recortes de periódico. En lo alto del cuarto, unas bocinas estilo *surround sound* estaban bien acomodadas, como gárgolas guardianas de iglesia gótica.

El resto del piso era de tierra barrosa. En este se encontraban unas rocas de tamaño considerable como simulando los monolitos del Parque Ceremonial Indígena de Caguana en Utuado. Las rocas estaban alteradas con inscripciones hechas a mano y algún instrumento punzante. Contra la pared del fondo se encontraba una piedra en forma de mesa cuyo tope era de madera y sostenía una caja, también de madera, cerrada. Había velas por todo el cuarto, aunque también se podían ver algunas bombillas estratégicamente ubicadas en algunos puntos de la habitación.

Al acercarse a la mesa, Miguel observó unas láminas pinchadas en el tope de madera; cada una tenía la foto de algún asesinado, la razón del asesinato, el lugar y la hora. Entre ellas había muchas más que las de los muertos que le constaban a la Policía de Puerto Rico y no correspondían solo a la Isla, sino también a otros puntos del Caribe.

Miguel le envió un mensaje de texto urgente al artesano con quien habló en las fiestas de pueblo con la ubicación de aquella casa: "Necesito que llegues a esta dirección de inmediato".

Piedras

Javier Zapata llegó a la casa del asesino y lo llevaron hasta Miguel, que lo esperaba a la puerta del rancho.

—Javier, por favor, necesito que le eches un vistazo a este lugar y me digas qué es todo esto.

El artesano estuvo unos cuarenta y cinco minutos observando con detenimiento las paredes, las inscripciones y todos los detalles de aquel cuarto. Se acercó a la caja de madera sobre la mesa de piedra. Al abrir la caja dijo con asombro:

—¡Dios santo! ¿Pero qué hace esta chamba aquí?

En el interior de la caja había cuatro piedras, una en cada esquina, y se podía observar un espacio vacío para una quinta justamente en el medio.

—¿De qué hablas, Javier? Ahí lo que veo son unos pedazos de piedra —reaccionó Miguel un poco irritado.

—Deberían de leer más de historia en la academia de mierda esa. Esto es lo más importante en este mierdero de sitio —apuntó Javier con un extraño entusiasmo—. ¡Estas piedras son parte de la famosa colección del padre José María Nazario! Y parece que falta una en el centro. ¡Qué maricada! Estas pruebas… Bueno, estas piedras son la prueba de que los taínos tenían conexiones con el resto de las diez tribus perdidas —seguía hablando Javier casi sin tomar aliento y visiblemente asombrado.

—O sea, que estas piedras tienen historia —quiso corroborar Miguel.

—No tan solo historia, ¡la historia! ¿Cómo el *ñampiro* ese tuvo acceso a estas piedras? —se preguntaba el artesano a sí mismo, en voz alta, como embelesado.

—¿A qué te refieres, Javier? —preguntó Miguel bastante confundido.

—Chamo, le explico: estas piedras fueron inscritas unos novecientos años antes de Cristo. Se consideran parte de alguna tribu perdida, más vieja que ninguna tribu en el Nuevo Mundo. Las piedras montan un rompecabezas que apunta al norte; al norte de la Isla, hacia la trinchera más profunda del mundo, hacia el Triángulo de las Bermudas. ¿Sabe usted dónde queda la punta este de ese misterioso triángulo, cuna de tantas leyendas y desapariciones?

—Pues, la verdad, no lo sé —contestó Miguel cada vez más confundido, y comenzando a impacientarse.

—Pues esa punta del famoso Triángulo de las Bermudas queda en algún lugar de la ciudad capital de Puerto Rico. Y, más específicamente, en el Viejo San Juan. Más aún, todas las estructuras importantes en la Isla tienen una posición estratégica relacionada con esto: la estatua de Colón, el Centro de Bellas Artes, el Radiotelescopio de Arecibo, la torre de la Universidad de Puerto Rico. Todas están en el norte, y no es por coincidencia; todas quedan inclinadas o posicionadas mirando hacia el mismo punto. Aparte, todos los faros de la Isla, independientemente de su localización y de que alumbren el lugar que les corresponde, están construidos con sus estructuras dirigidas hacia el norte. Eso de que el radiotelescopio lo pusieran en esa montaña por ser el lugar idóneo para la ciencia es pura mierda. Todo está como le digo, con un propósito misterioso —continuaba Javier como si fuera profesor de historia.

—¿Qué significa todo esto, Javier? ¿Por qué falta una de las piedras? Y más importante aún, ¿qué rayos tiene que ver todo eso con el asesino? —cuestionó Miguel impaciente.

—Para mí, este asesino debe tener conexión con la realeza taína y, más que todo, con estas piedras. Esto no es algo a lo que cualquier persona pueda tener acceso. Sobre la que falta, creo que algún significado importante tendrá, pero lamentablemente, no lo sé. Quizá usted tendría que buscar información que no esté disponible al público, porque de lo que circula por ahí yo me lo sé todo —respondió orgulloso el artesano con inclinaciones de historiador.

—Muy bien. ¿Alguna otra cosa que quieras señalar de lo que ves aquí?

—Pues, fíjese, estaba por hacer la observación de que todo esto aquí, en este cuarto, parece ser el trabajo de alguien muy meticuloso y preciso. Y no sé si son cosas mías, chamo, pero me preocupa la locura de este paisa y hasta dónde lo podrá llevar. Mire, busque información de las investigaciones hechas por la arqueóloga Paula Pastoriza. Ella tiene unos libros no convencionales, y muy interesantes, acerca de estas piedras. Quizás ahí pueda encontrar más respuestas.

—Bueno, pues muchas gracias por compartir tu conocimiento, Javier.

—Seguro, ¡cómo no! Cualquier otro asunto, me llama en confianza. Ah, y otra cosa, no deje de leer los cuentos de Cayetano

Coll y Toste. En la investigación se menciona su nombre. Hay uno que se basa en la leyenda de la famosa garita del diablo; está muy bueno, se lo recomiendo.

CAPÍTULO 35: PAULA

Miguel se fue para su casa con fotos de los detalles de la casa de Elián. Dos patrullas se habían quedado en la propiedad del asesino esperando a ver si alguien aparecía e implantaron vigilancia en toda el área. Ya sentado frente a su computadora, y con la mesa cargada de fotos y documentos, Miguel abrió una cerveza Triple y puso la canción "Festival" para dedicarse a analizar al asesino, al que ya le tenía nombre por fin y con el que seguramente se encontraría pronto.

Se enfocó sobre el asunto de las piedras del padre Nazario. Entró a la página web de la arqueóloga Paula Pastoriza y supo que esta había dedicado su vida al estudio de aquellas piedras. Su trabajo investigativo *Juana Morales, la última Brava* había sido galardonado en círculos pequeños, pero a nivel mundial. Leyendo información sobre esto, Miguel se enteró de que las piedras habían sido estudiadas por diferentes investigadores y arqueólogos de talla mundial, y que luego de la muerte del padre Nazario muchas de las piezas se quedaron en manos del Instituto de Cultura Puertorriqueña, mientras que otras fueron a dar a diferentes museos en todo el mundo. Supo también que un número no definido de ellas había desaparecido sin dejar rastro y, más importante aún, que se ha señalado que sus inscripciones y la técnica de sus líneas no tienen ninguna similitud con otros lenguajes pictóricos, lo que ha despertado el interés y ha creado el misterio en torno a ellas.

De la investigación de Pastoriza se desprendía que el historiador padre Adolfo de Hostos, estudioso de la figura del padre Nazario y conocedor de que a este le gustaba la arqueología, cita en uno de sus estudios un detalle importante de las notas personales de Nazario. En dichas notas se mencionaba que en los años 1870 una mujer de ascendencia taína le pidió al padre Nazario que la visitara en su lecho de muerte. La moribunda, llamada Juana Morales, era la última descendiente conocida del famoso Agüeybaná II o *el Bravo* (por lo que Pastoriza la llama "la última Brava" en su publicación).

Según lo hallado por la arqueóloga, Juana Morales le había contado un secreto al padre Nazario justo antes de morir y, además, le entregó un mapa del lugar donde se hallaba una piedra marcada en el área de Guayanilla. El padre llegó al sitio y excavó por debajo de la piedra, y así dio con un túnel que lo llevó a una cámara muy bien preservada en la cual había cerca de ochocientas piedras con petroglifos, de diversos tamaños. En el centro de la cámara se encontraba un sarcófago en el cual se veían unos símbolos inscritos. La investigadora postulaba que al analizarse las inscripciones del sarcófago se podía concluir que el lenguaje utilizado era muy parecido al hebreo, que allí descansaba el gran guerrero perdido y que las piedras contenían información de sus antepasados. Debajo del sarcófago se encontraba un grupo de piedras que formaban un cuadrado alrededor de otra que estaba en el mismo centro. La familia de Juana Morales había sido, por más de cien años, dueña de las fincas del área donde se encontraron las piedras, como si fueran los guardianes de ese espacio o de algún conocimiento que nunca había sido revelado.

Cuando Miguel indagó sobre el padre Nazario, encontró en sus escritos que uno de sus colaboradores era Cayetano Coll y Toste, gran historiador y escritor, muy recordado por su famoso relato basado en la leyenda de la garita del Diablo. El padre y el escritor habían tenido unos encuentros en los que discutían el asunto de las piedras. Aunque no existía mucha información sobre esto, se daba a entender que Coll y Toste se quedaría con una de las piedras en particular. De esto nunca se supo información adicional. Por otro lado, Miguel descubrió que la muerte del padre Nazario tenía su propio misterio. En los récords públicos aparecía como muerte natural, pero en los archivos policiacos existía una investigación, que había sido cerrada, en donde se atribuía la muerte a robo y asesinato.

Miguel hizo una búsqueda en internet, por curiosidad, del significado del nombre *Elián* y apareció como resultado: "rey de la luz". Este detalle lo dejaría pensando en un vacío, en un círculo vicioso de conocimiento. Anheló tener cerca a su grupo de amigos de la universidad para descifrar tantos acertijos.

Luego de una larga noche de análisis, hipótesis y teorías, Miguel estaba a punto de acostarse a dormir cuando recibió un extraño mensaje de Sofía: "Miguel, tengo que hacer algo de lo que no estoy orgullosa, pero quiero que sepas que todo va a estar bien… Te amo… hasta que me lo permitas".

CAPÍTULO 36: ANATOMÍA

La estudiante iba caminando por el pasillo del edificio multipisos de aquel recinto único en el Caribe. Tenía mucho frío, y peste a cigarrillo barato en la boca. A los vicios no les importa de qué clase social eres. También tenía hambre, pues no había ingerido nada desde el desayuno. Su cuerpo comible estaba tembloroso por los efectos del exceso de café de sala de espera. Además, los nervios por el encuentro cercano con quien habría de salvarla se habían apoderado de su capacidad de concentración. Por eso no se fijó en la guagua que estaba estacionada a la entrada del redondel, donde nadie suele estacionarse. Avanzaba cabizbaja, sin hacer ruidos ni mirar a nadie. No quería hacer contacto visual con ningún ser humano que la reconociera, aunque a aquella hora de un viernes, tan entrada la noche, las posibilidades de encontrarse con alguien conocido ahí eran pocas. Llevaba suelto el pelo, que le cubría parte de su cara un poco maltratada últimamente por las malas noches y las amanecidas. Su bata apestosa a comida de *fast food* y formalina del laboratorio de anatomía se veía percudida, pero esto la llenaba de orgullo, pues "ya quisieran muchos estar en mi lugar", pensaba.

¡Qué mucho ayudaron las palas de sus papás, los abogados y políticos para que la nena pudiera entrar a la Escuela de Medicina! Ahora lo que importaba era salir, poder terminar el trayecto. Para eso hacía falta un pequeño detalle: aprobar la difícil reválida. Y para lograrlo, tanto ella como sus amigotes contaban apenas con una última arma.

Ya estaba cerca del lugar de encuentro donde se llevaría a cabo el intercambio. Sabía que no era ético el trueque, pero el miedo a enfrentar a su familia, que la humillaría implacablemente y jamás se cansaría de acusarla de ser la vergüenza del núcleo familiar, de sus abuelos y de toda su estirpe de médicos, pesaba más en ese momento que su sentido de lo moral. En su bolso llevaba una información muy valiosa que podría perjudicar significativamente a todo el Departamento de Ortopedia de la universidad y el hospital. "Siempre corta hasta el hueso", se repetía, recordando el consejo de su profesor de cirugía, Uchi Pérez.

Ella conocía el valor de su información y solo la intercambiaría por lo más preciado para su carrera: un número que le permitiera practicar en la Isla y, claro, otros tres para sus compañeros, los de colegios exclusivos de varones con linaje de gobernadores y realeza boricua. No muchos entenderán a qué se debe esta asociación legendaria entre personas que vienen de escuelas que son exclusivas de estudiantes acaudalados, pero su conexión legendaria seguía vigente y su acuerdo tácito era como si se tratara de un contrato firmado con sangre.

Su contacto, persona de alto interés en la junta reguladora de médicos de la Isla, tenía el poder de hacerle realidad sus sueños de la manera en que ella estaba acostumbrada a conseguirlos: comprándolos. Y ella tenía justo la moneda que hacía falta.

La estudiante llegó al lugar acordado. Abrió la puerta del famoso laboratorio de anatomía. La peste a formalina era insoportable para los no habituados. Ella se fue directamente hacia la parte trasera del salón, en donde había una pequeña oficina que nadie usaba, perfecta para este tipo de intercambios. Caminaba con cautela hacia aquella oficina y a su paso notó que dos cuerpos habían sido dejados expuestos en las estaciones de trabajo. "¡Qué raro! Eso sí que nunca lo había visto. No uno, sino dos muertos ahí, todo abiertos, disecados… Espero que a esos estudiantes que dejaron todo tirado los penalicen, eso no se hace", pensaba en su agonía de zapatos Coach.

Pasó de largo por los muertos y llegó a la puerta de la oficina, que estaba abierta. Una imagen parecida a una ameba había sido dibujada en la pared, y en el centro de la figura, el nombre de su contacto, tachado. El nombre del coordinador del Programa de Ortopedia le seguía debajo, también tachado, y debajo de ese, la frase "Fraude al sistema de salud". En un renglón adicional aparecía el nombre "Sofía Serrallés", sin tachar aún. Ella miró el dibujo, pasmada por un instante, entonces se dio la vuelta y se fijó al fin en el primer muerto que habían dejado expuesto. No podía creer lo que estaba mirando; su mundo se derrumbó por más de una razón. Ya conocía las historias tras aquel maldito dibujo, gracias a Miguel, y sabía que tenía que correr lo más rápido posible.

Quien fuera su contacto yacía sobre una de aquellas mesas. Tenía la apariencia de los cadáveres utilizados para la clase de anatomía; había sido perfectamente disecado. Su cara estaba de perfil con los huesos al descubierto. El otro cadáver era el de la persona a quien ella se proponía delatar para obtener su licencia.

Sofía dejó su bolso tirado en el piso y salió corriendo del laboratorio. En la pared donde estaba el ascensor llamaba la atención un anuncio de repasos para la reválida. Giró hacia el otro pasillo, donde una ventana abierta representaba la esperanza. Corrió hacia ella, pasó por un cuarto en donde una cara la miraba desde el cristal de la puerta. Sabía que su condena ya estaba escrita. La puerta se abrió súbitamente, aunque no salió nadie. Sofía se detuvo frente a la ventana. Se escuchaban coquíes en un canto que se iba intensificando como si estuviesen anunciando un suceso magnífico. Estaba a punto de lanzarse por la ventana cuando una voz familiar le gritó: "¡Sofía!".

Se dio la vuelta hacia aquella voz y le volvió el color al semblante. Se escuchó la puerta del elevador al cerrarse. Sofía abrazó a Miguel como nunca lo había abrazado en su vida.

—Llévame hacia el palo de algarrobo ese; es donde más paz he sentido.

Miguel le acarició la cabeza con cariño y le dijo al oído:

—Vete a la sala de emergencias, ahí te va a estar esperando una escolta; yo tengo que seguir a este *hijoeputa*. Te amo… hasta que me lo permitas.

CAPÍTULO 37: ACECHO

Miguel salió corriendo, bajó las escaleras lo más rápido que pudo y llegó a la calle principal que da vuelta al Recinto de Ciencias Médicas. A lo lejos se veía una guagua identificada como de una compañía de agrimensores. "Esta misma guagua había estado frente a casa", pensó Miguel. "¡Qué *hijoeputa*! Este cabrón había estado cerca de mí todo el tiempo… Es más, toda la vida".

Tenía su arma de reglamento en mano, parado en el medio de la carretera, cuando, de momento, la guagua estacionada arrancó disparada. Le pasó por el lado muy rápido, dándole tiempo apenas para salirse en el último instante. Detuvo al próximo auto que pasó por allí, un Toyota manejado por un estudiante de medicina con el carné del Centro Cardiovascular.

—Necesito este carro para una persecución urgente —le indicó firmemente al profesor, quien accedió sin protesta y le dejó su carro. En la radio sonaba la canción "Sinnerman". Una lluvia leve comenzaba a caer. Los coquíes ya estaban en pleno apogeo.

La persecución comenzó muy rápidamente por la calle que le da la vuelta al Recinto de Ciencias Médicas. La guagua, sin detenerse en ningún momento, llegó hasta el expreso Luis A Ferré. Miguel continuó persiguiéndola por la autopista, pasando por el lado de Plaza Las Américas y tomando el tramo PR-1 en dirección al Viejo San Juan. El asesino aceleraba la guagua con absoluto descuido en medio del tráfico un tanto pesado, pero común en esta vía. Miguel lo seguía lo más cerca que podía tratando de evadir los autos de conductores que ni tenían idea de lo que estaba ocurriendo. El asesino ni siquiera redujo la velocidad en el semáforo del puente

Dos Hermanos, la intersección más peligrosa del área, y cruzó a toda velocidad hacia la isleta. A la altura de la Iglesia Luterana, después del negocio de hamburguesas, hizo una izquierda, seguido de cerca por Miguel. La guagua se trepó en la acera y el tapabocinas de la rueda delantera salió disparado.

El asesino sudaba copiosamente y no paraba de mirar por el retrovisor. "¿Cómo es que ahora soy yo el acechado? ¡Qué ironía!", pensaba mientras aceleraba.

Las calles sanjuaneras estaban casi desiertas, ya que esa noche precisamente un reguetonero, que había sido acusado de un crimen hacía poco tiempo, ofrecía un concierto gratis en la ciudad de Guaynabo. A esto se añadía el veto a los cruceros debido a un tranque del Gobierno, con lo cual quedaba la ciudad antigua más despejada para los de losa. Mientras Miguel seguía al asesino pensó en su amigo Raúl, asesinado tan atrozmente. Las lágrimas no le salieron porque la rabia era muy intensa y estaba muy concentrado en su presa. Le pasaron por el costado al Residencial Puerta de Tierra hasta llegar al área de los puertos, tan rápido que un guardia de seguridad se levantó como resorte donde estaba dormitando tranquilamente. Los deambulantes miraban indiferentes la persecución; los perros realengos se salían del medio de la carretera al escuchar el rugir de los motores.

Elián hizo una derecha que lo llevaría al estacionamiento de la Puntilla, junto al Paseo de la Princesa, camino antiguamente hermoso de la ciudad amurallada, testigo de historias militares, románticas y de piraguas. Ya cerca del paseo, la guagua chocó con una valla que impedía el tránsito de vehículos por el área peatonal y el asesino salió corriendo muy aprisa hacia la entrada del camino que bordea el mar. Miguel tuvo que estacionar el Toyota, maltratado por la persecución, debido a que la guagua del asesino obstruía el paso. Accedió a la persecución a pie, corriendo a paso firme tras el asesino por la vereda iluminada que llevaba a la Puerta de San Juan.

Los coquíes cantaban su notas más agudas y potentes, como intentando advertir algo a cada uno de los involucrados.

Elián era un corredor veloz y llegó muy rápido a la entrada de la Puerta de San Juan. Atravesó la histórica puerta y siguió corriendo sin cansancio por aquellas calles adoquinadas que había recorrido en una situación muy distinta la última vez. Al pasar por la calle de La Resistencia, con sus decoraciones de chiringas coloridas, un vagabundo dormido en el suelo le obstruía el paso, así que le brincó por encima sin siquiera tocarlo. En su carrera por la calle del Cristo pasaron frente a la Catedral San Juan Bautista y por el famoso hotel El Convento, cuna de bodas de famosos y de invitados de segundo piso. El tiempo se estaba deteriorando, la lluvia menuda comenzaba a volverse aguacero.

—¡Imbécil, ya sé todo sobre ti, no hay lugar donde te puedas esconder! — gritó Miguel.

Al llegar a la esquina de la calle San Sebastián, Miguel tuvo que parar la carrera para tomar un poco de aire. Una pareja se comía a besos junto a sus bicicletas bajo el pequeño alero de la iglesia San José, desafiando la noche de un San Juan vacío y lluvioso. Lo romántico de la vieja ciudad en ocasiones infunde valor a los enamorados. Una multitud de changos miraba desde los balcones como apostando a la noche, noveleros. Los perros realengos ni siquiera miraban para el lado de la persecución; al ser de la calle, no los seducía la cursilería de los ladridos, solo los perros que tienen casa se molestan en gritarle a la gente.

Elián, sin mirar atrás, siguió su carrera hacia el Morro. Ya le llevaba mucha ventaja a Miguel y pensaba que estaba a punto de perderlo. Se detuvo un instante para agarrar su aire y acto seguido comenzó una caminata rápida hacia el histórico fuerte.

CAPÍTULO 38: EL MORRO

Al llegar frente al Morro, Elián atravesó rápidamente el puente que da a la entrada principal. Muchos batallones habían muerto en este mismo puente a lo largo de casi quinientos años. Llegó al fin a la entrada, y esta estaba obstruida por una barricada debido a que aquel monumento histórico se encontraba bajo restauración; le pasó por encima al obstáculo, y se encontró con un portón asegurado con candado. Gracias a sus aportaciones para la restauración, Elián tenía la llave del candado y pudo entrar. Enseguida se dirigió al segundo piso para tener ventaja de terreno cuando su perseguidor llegara.

—Voy a tener un tremendo final; no perfecto, pero muy adecuado —se dijo con una sonrisa de paciente de hospital mental sacado de series de superhéroes.

Debido a las remodelaciones del castillo, había andamios por todos lados, también había basura, pedazos de madera, cables, mesas de trabajo y escombros, lo que impedía el paso hacia muchas de sus áreas. Elián aprovechó todo esto para perderse rápidamente dentro de la antigua fortaleza.

CAPÍTULO 39: ENCUENTRO

La lluvia comenzaba a bajar su intensidad, ya era como si el rocío de la mañana estuviera demostrando a qué hora asaltaba verdaderamente. Los escasos faroles encendidos hacían que la visibilidad fuera muy pobre. Se escuchaba el azotar de las olas que venía de la parte más baja del castillo. La canción de los coquíes no se dejaba intimidar por monumentos antiguos protegidos por los federales.

Miguel llegó, finalmente, manejando una de las bicicletas de la parejita de novios de la calle San Sebastián y se encontró con el portón principal cerrado con candado. Intentó abrir el portón con sus manos, aunque no tuvo éxito. Le propinó un cantazo al candado con su pistola, pero nada. Prosiguió entonces a darle un balazo, aunque estaba intentando conservar sus municiones, y el candado del portón explotó de inmediato. El Morro había consumido mucho plomo a lo largo de su historia, y ya estaba acostumbrado a estos exabruptos.

A lo lejos se escuchaban sirenas de policía; la Isla es muy pequeña para desastres mayores.

Ya Miguel se encontraba adentro del antiguo castillo. Nunca había estado tan nervioso en ninguna persecución, y extrañaba a Raúl, que siempre lo acompañaba. Le pasó por la mente una vez más el pobre niño de su caso nunca resuelto. Era uno de esos casos que hacían patente el poder del dinero y de las conexiones y lo arraigada que está la corrupción en el mundo.

Sabía que la captura del asesino tenía que darse esa noche, no podía permitir que se saliera con la suya ni una vez más. Pero a la misma vez se cuestionaba si valiese la pena detenerlo, si no sería mejor que aquel asesino justiciero lograra precisamente lo que él soñaba: ajusticiar a los intocables. "¿Acaso no será más provechoso dejarlo ir y que él se encargue de seguir liquidando a lo peor de la Isla y el Caribe?", llegó a preguntarse. "Si formamos una sociedad él y yo, limpiamos de escoria la Isla en unos cuantos meses".

Salió al área de la batería del Caballero. Miraba a todos lados buscando alguna pista del paradero de Elián. Esta área le recordaba las excursiones de escuela elemental en las que solían llevar a los estudiantes a conocer las fortificaciones españolas de San Juan; los pobres niños tenían que esperar en fila, bajo un candente sol tropical a cualquier hora del día, para poder entrar a las distintas partes del castillo. Recordaba también ese olor centenario a orín de borracho que, sin importar la cantidad de limpiezas profundas que les hiciesen a las garitas y los rincones del fuerte, nunca se iba.

Miguel levantó la cabeza para mirar el segundo piso de la estructura, y en la oscuridad percibió una silueta que salía corriendo de izquierda a derecha, en dirección al faro.

—Estás en un callejón sin salida, Elián Morales. Sí, ya sé cómo te llamas. La Policía ya ocupó tus pertenencias, tu casa, tus loqueras… Ya no hay para dónde correr. ¡Entrégate!

—Al fin diste conmigo, querido amigo. Espero que tu noviecita haya aprendido la lección. ¿Sabías qué estaba a punto de hacer? —respondió Elián a lo lejos.

—No. Pero vi cómo la tenías acorralada. ¿Realmente crees que eso era necesario para dar conmigo?

—¿La verdad? Fue pura casualidad. Yo sabía que se iban a robar la reválida, porque eso no es nada nuevo, se ha hecho tantas veces… Lo que no sabía era que sería ella quien lo fuera a intentar. Eso lo descubrí mientras investigaba el fraude a los seguros que estaba haciendo el Departamento de Ortopedia. Hay tanto fraude en esta Isla, Miguel… ¡Hay tanta gente que se sale con la suya! No muchos son como tú, amigo; poca gente va en busca de la verdad. Se conforman con lo que les cuentan el Gobierno, los políticos de turno y los chismosos de farándula. Es un bochorno para nuestros ancestros, los guerreros, los que dieron todo por la Isla. Les pagamos con mierda, Miguel. Mira a tu amigo Raúl, tu amiguísimo: toda la vida a tu lado y ni te enterabas de que en todos esos casos que tú investigabas él estaba involucrado de alguna manera. Él era el eslabón más importante; todo estaba conectado con él.

—Raúl era como mi hermano; no tenías que matarlo. Yo podía hacerlo pagar con la justicia, sin necesidad de que muriera.

Miguel intentaba acercarse a Elián mientras le hablaba, pero no podía visualizar dónde estaba específicamente. Su voz rebotaba de lado a lado en las murallas de piedra.

—¡Oh, sí tenía que morir! ¡Él era mi ofrenda sacrificial mayor! Aunque, no te creas, mi trabajo aún no ha sido completado —se escuchó más definidamente desde el área del faro.

Los coquíes, con su canto muy intenso, amenizaban la noche listos para la función final.

—¿Que no ha terminado? Ya eliminaste a toda esa gente que juzgaste dañina. Tu mensaje llegó y la prensa se encargó de propagarlo. Tu labor, definitivamente, ha terminado. Puedes descansar y, de paso, evitarles el sufrimiento a más familias.

—¿El sufrimiento? ¿A unas cuantas familias? Este pueblo ha venido sufriendo desde sus orígenes; somos, y siempre hemos sido, un pueblo oprimido por la corrupción.

—¡Claro! Y tú, de seguro, tienes una conexión directa con esos orígenes, ¿ah? Elián, ya sé que tienes una obsesión con los taínos, y una magnífica colección de piedras misteriosas, dicho sea de paso —lo provocó Miguel mientras se acercaba al faro por el bastión Ochoa.

—Detective, esa gente muerta se salía con la suya todo el tiempo y no había otra manera de detenerla. Yo, como protector de la Isla, me di a la tarea de encontrarlos y ajusticiarlos. Por primera vez en la historia de esta Isla los corruptos tiemblan, y eso es gracias a mí… y a Él, quien vive.

—¿Él? ¿Quién es ese "Él" que te hace cometer todas estas barbaridades? ¿El Opia? ¿Crees en un demonio que se transforma en murciélago y come guayabas? A la verdad que estás peor de lo que pensé.

—¡Qué poco sabes, amiguito! Yo le regalo esos muertos al Opia para poder seguir con mi trabajo de limpieza, pero el Opia no es Él. Él es alguien más importante, y yo llevo su sangre. Mi trabajo se lo dedico a Él, al Bravo.

—¿El Bravo?

—El mismo. Yo soy la descendencia del Bravo, hijo del sol. Y yo soy la segunda venida de Él. He logrado una limpieza en Puerto Rico y el Caribe. He batallado en contra de los enemigos de esta y otras islas. Este medallón es la marca de la herencia y el compromiso —desvariaba Elián, subiéndose la camisa para mostrar un medallón de metal barato, muy viejo, sin lustre y maltratado que llevaba colgando del cuello—. Y esta noche no me vas a poder parar, porque el pueblo va a ser testigo del secreto más grande. La garita que está en el punto más al norte del Morro va a caer, y se revelará la verdad del Nuevo Mundo. Una que va a reescribir todos los libros de historia, no tan solo de la Isla, sino de todo el planeta —concluyó, apoteósico.

En ese momento se escuchó una detonación en la garita del bastión de Mercado, seguida por un silencio impenetrable, como cuando ocurrían los apagones antes de que se volvieran habituales.

—Ahí está el último detalle, la exposición de la pieza que faltaba. Debajo de la garita que se encuentra más al norte se esconde la piedra que descifra las demás, la llave y también la razón que explica todo.

—¿La llave de qué? Y si explotas la garita, ¿no se rompe esa piedra?

—Esa piedra es muy especial… Además, la garita fue construida encima de una cámara; una explosión leve no le hará nada de daño a la piedra. Ahora todos conocerán la razón de mi presencia aquí, la esencia de mi mensaje.

—Entrégate, Elián; no tienes escapatoria —insistió Miguel acercándose al área del bastión de Mercado, con paso firme—. Yo sé que no me vas a disparar, Elián. Para ti, que yo viva para contar tu historia es sumamente importante. Mira, aunque no te puedo dejar pasar lo de Raúl, yo entiendo tus motivos. Ahora, ¿por qué tenías que meterte con Sofía? ¿Qué tiene que ver ella contigo y con tus mensajes para la sociedad? Dime, ¿qué tiene que ver el amor de mi vida con tu misión, con tu descendencia y con toda esa mierda?

—Sofía es el clásico ejemplo de la gran mayoría de los problemas de este país. Nació en cuna de oro, es guapa, tiene todas las conexiones para salir bien siempre, y casi se sale con la suya en el chanchullo de la reválida. ¿Viste? Para mí, tu mujercita es escoria y, como tal, debía ser eliminada. Pero está bien, eso no urge tanto como lo que me toca revelar esta noche... Solo te pido que me dejes llegar a la piedra; después de eso, si me quieres arrestar, no importa.

La canción de los coquíes, mezclada con el azote de las olas contra el fuerte, fue lo único que se escuchó por un momento.

Miguel se acercó muy lentamente al área de la garita explotada. De esta solo quedaban sus restos. "Ironías de la vida: casi quinientos años enfrentando tantos ataques, y ahora es destrozada en un instante por un maniático", pensó. Los escombros, el humo, piedras sueltas y un poco de fuego dominaban la escena. Entonces Miguel pudo distinguir la silueta de un hombre inclinado, abatido, al borde de la monumental muralla, en donde había ocurrido la explosión. Era Elián Morales, que miraba perplejo cómo bajo su garita no había nada, excepto algunos escombros. La bóveda de sus esperanzas se encontraba vacía. Miguel levantó su arma y le apuntó, el dedo en el gatillo, listo para disparar, de ser necesario.

Entre lágrimas y gemidos Elián decía:

—No puede ser. Todos los escritos, los cuentos de mi abuelo, los sueños… Tenía que hallarse aquí el secreto, el mensaje de las piedras. La historia de mi vida… Todo lo que hice para…

—¿Para terminar sin nada? —lo interrumpió Miguel.

Elián levantó la vista. Su cara revelaba una tristeza insondable, le había caído de repente todo el peso de los sueños perdidos; se le habían secado los pensamientos. Miguel comprendió su mirada y bajó el arma. Entonces vio cómo, sin mediar palabra, Elián se tiró al vacío, sin más.

Las olas continuaron su frenético vaivén indiferentes; los coquíes se enfocaron en otras historias sanjuaneras. Un murciélago inquieto voló muy cerca de Miguel, como despidiéndose. A lo lejos se escuchó algún gallo que presagiaba la madrugada, ajeno a toda vorágine humana. Los coquíes bajaron la intensidad de su canto, la historia ya estaba contada.

EPÍLOGO

Unas semanas más tarde, Sofía iba camino al Viejo San Juan. Desde el asiento del pasajero, se complacía en mirarlo y admirarlo todo: la costa y su belleza natural, los edificios modernos y los monumentos antiguos de la majestuosa ciudad, hermosa por cinco siglos. A su lado iba manejando nada menos que el detective Miguel Hernández, con una mano en el volante y la otra entrelazada con la suya. Escuchaban la música de Sin Bandera cuando pasaron frente al Capitolio. Miguel miró con alguna nostalgia la Lomita de los Vientos, ese breve montículo donde en Navidades exhibían a los Reyes Magos, y donde muchas veces él jugó y le tomaron fotos cuando era niño.

—¿Para dónde vamos exactamente, Miguel? —preguntó una Sofía muy relajada al fin, a salvo junto a su compañero de tantas vivencias.

—Pues… vamos a darle clausura a un asunto.

Ahora era él quien observaba atentamente todo a su alrededor, desde la posición que le brindaba ir al volante del *Jeep* de Sofía. Se fijó, sobre todo, en los perros realengos con sus respectivos vagabundos, dueños sin título de propiedad de aquella ciudad de piedra, adoquines e ilusiones. Estos caminantes de la noche sabían de todas las historias que amenizaban los coquíes y, de alguna manera, estaban presentes en ellas.

Bordearon el fuerte San Cristóbal y subieron por la Norzagaray, y Miguel estacionó el *Jeep* en la primera calle a mano izquierda. Apagó el vehículo y agarró un pequeño bolso que tenía en la parte trasera del carro. Luego él y Sofía salieron a caminar de la mano y él la encaminó hacia el fuerte.

—¿Sabías que este castillo se edificó después que El Morro para suplementar la protección contra los ataques por tierra hacia la ciudad? No estaba en los planes originales de los españoles. Esos tipos eran muy buenos para aprender de sus errores a la hora de batallar.

—Tú también has sabido aprender de las tuyas, amor. Atrapar a Elián Morales fue tremendo triunfo… y salvarme la vida en el proceso, aún más. No sabes cuánto te lo agradezco.

—Sofía, tuviste suerte de que te pudiéramos localizar… Mira, yo quería comentarte… Sé lo importante que es para ti obtener esa licencia, no te voy a juzgar por lo que intentaste hacer para lograrla, pero ¿no te sabría mejor si te la ganaras?

—Miguel, aprendí mi lección. Ya les dije a "los Rockefeller" que me voy a estudiar sola para la próxima vez. Es más, voy a poner una mesita debajo del palo de algarrobas para estudiar ahí tranquila, y así hasta me puedes monitorear… y cuando yo necesite de ti, pues te aviso —dijo Sofía con una sonrisa que solo Miguel entendía sin necesidad de explicar nada.

Caminaban por una vereda al lado de la muralla que daba paso a una pequeña escalera entre las plantas de uvas playeras. Comenzaron a bajar por esa escalera, Miguel auxiliando a Sofía por aquellos escalones de piedra y limpiándole el camino de matojos. Llegaron al fragmento de playa frente al fuerte. Miguel se detuvo y, por un momento, se quedó mirando a lo lejos el castillo San Felipe del Morro. No había pasado mucho tiempo aún desde los sucesos en el fuerte y ya las magníficas brigadas de San Juan estaban trabajando para restaurar la garita perdida. El detective suspiró y su semblante se cubrió de tristeza. Sofía le puso la mano en el hombro y Miguel salió de su trance.

—Vamos, ya estamos cerca —dijo al fin Miguel, muy decidido.

Caminaron por la playa hasta otra escalera que subía a un pedregal, para luego entrar a una antigua estructura de piedra con forma triangular. Una vez ahí se allegaron hasta el puesto de vigía con cúpula redondeada.

—Sofía, esta es la famosa garita del Diablo.

—*Wow*, ¿esta?

—Sí, la de una de las leyendas más contadas de la Isla, la de las historias de desapariciones y raptos que se le atribuían al mismo Diablo, de ahí su nombre.

—Con ese nombre, no me sorprende que quede tan escondida. Pero ¿qué hacemos aquí, Miguel?

—Seguimos un dato muy importante de la investigación de Elián Morales. A Elián le faltaba solo una de las piedras del padre Nazario, y esa se encontraba, según él, oculta debajo de la garita que queda en el punto más al norte del castillo del Morro. La piedra tenía la clave para descifrar las inscripciones de las demás, según sus cálculos —explicó Miguel—, pero resulta que cuando explotó aquella garita no había nada debajo de ella. Un detalle muy importante se le escapó a Elián: el padre Nazario tuvo unos vínculos importantes con Cayetano Coll y Toste y, pues… No sé si conoces la leyenda que este recogió y dejó escrita.

—¿Te refieres a la historia de la india y el soldado?

—Esa misma. Bueno, la de la muchacha mestiza, hija de india y español, llamada Dina, que se enamora del soldado Sánchez, también conocido como *Agua de Azahar*, que una noche, mientras él hacía su turno de centinela en la garita, desaparece misteriosamente, al igual que él.

—Ay, ¿no te parece romántico, Miguel? ¿Tú desaparecerías así conmigo? —preguntó Sofía, juguetona, mientras le clavaba sus ojos verdes intentando derretirlo.

—Sofía, Cayetano Coll y Toste tenía la última piedra del padre Nazario. La garita del Diablo contiene el secreto más importante de Latinoamérica —respondió Miguel ignorando momentáneamente la seducción de su amada.

—No entiendo, Miguel.

—La historia cuenta que el padre Nazario tuvo un intercambio con Coll y Toste en algún momento cercano a su muerte, pero lo que no dice es que en ese encuentro lo que hizo el padre fue entregarle la piedra final, la que tiene la clave de las demás, la que ayuda a explicar la historia de las Américas. Las misteriosas piedras de Nazario fueron sometidas a las pruebas de carbón y se encontró que datan del año 900 a. C. aproximadamente, y que estaban aquí antes que los colonizadores españoles. Ahora, fíjate en esto: en el año 1897 se demolió parte del fuerte San Cristóbal y se le hicieron unas modificaciones. Adivina quién era el gobernador regional del norte de Puerto Rico…

—¡No digas!

—¡Don Cayetano Coll y Toste! ¡La última piedra está debajo de esta garita!

—Pero todo esto parece pura coincidencia.

—No lo es. Mira, el soldado español sí desapareció, pero no porque haya escapado con su enamorada Dina, sino porque la garita del Diablo es la marca, es la garita más septentrional entre las de todos los fuertes de esta costa norte. Y esa es, a la vez, la punta más oriental del Triángulo de las Bermudas. La piedra guarda ese secreto. Elián creía en ese secreto.

—Entonces, ¿esa piedra de la que hablas se encuentra aquí mismo, en algún punto bajo nosotros?

—Y ahí se quedará, querida Sofía; no todo tiene que ser encontrado, a menos que sean las famosas pinturas de Campeche, esas sí las quiero encontrar. Vámonos a casa a sentarnos bajo del palo de algarroba, quizás ahí, con el placer simple de escuchar a los coquíes, podremos sentir que lo tenemos todo.

ÍNDICE

Agradecimientos 7
Prólogo 9

Capítulo 1: La vieja ciudad 13
Capítulo 2: El desayuno 23
Capítulo 3: Rifles de madera 31
Capítulo 4: Manglar 35
Capítulo 5: Noticias 43
Capítulo 6: El Ratón 47
Capítulo 7: Tiempo 53
Capítulo 8: Vicente 57
Capítulo 9: Mensaje 65
Capítulo 10: Evidencia 69
Capítulo 11: Revelación 71
Capítulo 12: Ceremonia 75
Capítulo 13: Pitorro 79
Capítulo 14: Fiestas de pueblo 81
Capítulo 15: Contrincante 89
Capítulo 16: El sofá 91
Capítulo 17: Recinto 97
Capítulo 18: Vive y nos protege 99
Capítulo 19: La pelea 101
Capítulo 20: Examen 105
Capítulo 21: Encomienda 107
Capítulo 22: Recuerdos 109
Capítulo 23: Resultados 113
Capítulo 24: Secretos de El Ratón 115
Capítulo 25: Las islas 123
Capítulo 26: Detalles 127

Capítulo 27: Wiso 129
Capítulo 28: Escoria 133
Capítulo 29: Raúl 139
Capítulo 30: Inexorable 141
Capítulo 31: *Single Malt* 143
Capítulo 35: Paula 157
Capítulo 36: Anatomía 161
Capítulo 37: Acecho 165
Capítulo 38: El Morro 169
Capítulo 39: Encuentro 171

Epílogo 179
Mapa 186
Asesino 187

MAPA

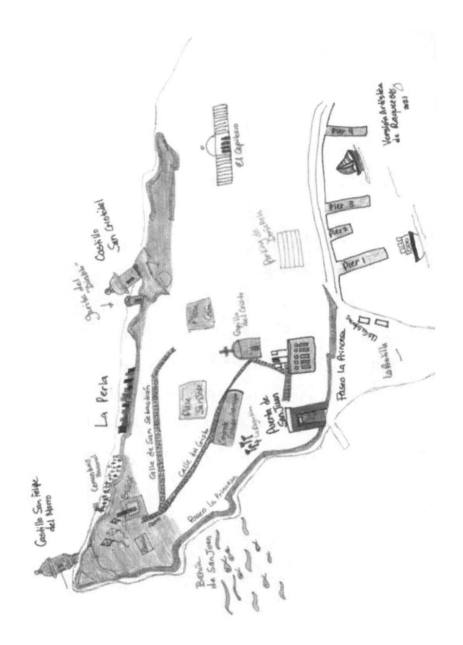

ASESINO

Asesino vigilante que estampa
la cruel realidad puertorriqueña.
La sangre llueve y no escampa
en la historia que el autor nos enseña.

Famosos paisajes son escenarios
de nuestro asesino en serie;
que no discrimina tomar acción
bajo techo o a la intemperie.

El sarcasmo y el cinismo
se enredan con armonía
en atinada crítica social
que con lenguaje coloquial
nos regala con simpatía
esta nueva joya cultural.

Inevitable e impredecible.
Indetenible e indomable.
Abominable, indescriptible.
Indestructible, INEXORABLE.

Omar Rivera

Made in the USA
Columbia, SC
08 February 2022